➤ 일본어 발음

악센트 클리닉

(상)

UUP

악센트 클리닉

2006년 12월 13일 초판 인쇄
2006년 12월 20일 초판 발행

지은이 | 최광우
발행인 | 정정길
발행처 | UUP(울산대학교출판부)

출판등록 | 제 370-1996-000001호(1996.3.13)
주소 | 680-749 울산광역시 남구 무거 2동 산29번지
전화 | (052) 259-2488
팩스 | (052) 277-3011
편집·표지 디자인 | 지미정·김수연

값 11,000원

ISBN 978-89-7868-964-9

머리말

「꾸준히 소리 내어 읽어라」

외국어 학습에 있어 이만한 진리도 없을 진데, 너무나 평범하고 시시하다보니 대부분 작심삼일로 시들어 버리고 만다. 그러고는 시간이 흘러도 입이 열리지 않는다고 조바심을 내기 일쑤다. 여기에는 적절한 자료의 부족, 발음에 대한 불안감, 방법에 대한 회의감, 의지의 부족 등 여러 원인이 있겠으나, 역시 진리는 진리다.

Palmer는 말했다 「Listen listen and listen」, 여기에 「Read read and read」가 들어가면 최상의 외국어 학습이다.

외국어는 흔히 발음이나 문법, 의미 등이 다소 빗나감이 있어도 대화에 큰 지장이 없는 경우가 있기 때문에 대강주의가 통하기도 한다. 그러나 학습이란 것은 보다 정확한 단계를 향해 끊임없이 노력하는 자세만이 성공을 보장하는 길이다.

이 책은, 일본어의 음성에 있어서 단음(자음과 모음)보다 더 구체적이고 실제적인 악센트를 학습하기 위함이다. 악센트의 학습이란 단순히 악센트의 이론을 아는 데서 그치는 것이 아니고, 그 연습 과정을 통하여 청취력을 늘리고 대화에 있어서 정확하고 자신 있는 회화력을 기르기 위함이다.

일본어의 악센트는 비유하자면, 사람의 의복과 같다. 모든 사람은 항상 의복을 걸치고 타인 앞에 모습을 나타내고, 타인의 눈에는 감추어진 몸매보다는 의복이 먼저 눈에 들어온다. 일본어의 모든 단어는 반드시 악센트란 의복을 입고 문을 구성하고 발화된다. 즉 하나하나의 단음이나 음절보다는 악센트가 먼저 발화를 특징짓게 된다. 예를 들면, 「カキ」(감) 「カキ」(굴) 와 같이 악센트에 의해 뜻이 변별되는 동철이의어 뿐만 아니라, 단음의 차이가 있음에도 불구하고, 악센트의 차이가 의미변별에 더 관여하는 경우가 적지 않다. 연구에 의하면, 예를 들어 「ビョ**ウイン**」과 「ビ**ヨ**ウイン」, 「**ヘ**ビ」와 「エ**ビ**」, 「マ**タ**」와 「**マ**ダ」, 「オ**オキソ**ウダ」와 「オ**オキ**イソウダ」, 「**ア**ニ」와 「ア**ネ**」 등은 단음의 차에 의한 변별보다 음의 고저(악센트)에 의한 변별이 크게 나와 있다(斉藤, 1988). 또한 여러 모국어를 배경으로 가진 상급수준 일본어 학습자의 테이프와, 유명한 일본인의 배우나 만담가의 테이프를 일본어교사 양성강좌의 「음성」시간에 들려주고, 일본인의 일본어다운 점, 외국인의 일본어답지 못한 점의 원인을 조사한 결과, 양자의 차이는 음 하나하나의 문제가 아니고 악센트, 인토네이션, 그리고 박(拍)의 길이가 원인이었다는 보고도 있다(酒入, 1992).

발음이란 것은, 발성기관이라고 하는 입안의 여러 조직의 움직임에 의해 표현된다. 이런 기관의 움직임이란 것은 사용에 의해 습관화 되는 것으로, 성인에 가까울수록 새로운 습관에 길들여지는 것은 힘이 들며, 끊임없는 훈련에 의해서만 가능하다. 모처럼 익힌 외국어를 잠시 소홀히 하면 가장 먼저 퇴화하는 것이 발음이고, 입을 열기가 자꾸만 두려워 진다. 이런 퇴화현상에 두려움을 느낀 재학생이나 졸업생 등으로부터 고충을 많이 들으며, 이 책을 마련하게 되었다.

이 책은, 대략 중급 수준 이상의 능력을 가진 학습자들이 악센트를 비롯하여 동시에 어휘나 표현력을 보다 향상시키도록 다양한 예문을 수록하였다. 구성은 항상 가나문에 악센트와 무성화가 표시된 <발음편>을 먼저 싣고, 발음 표시가 없는 가나와 한자를 병용한 <본문편>을 뒤에 실었다. 학습자는 이 양 쪽을 오가며 반복 훈련을 하는 것이 중요하고, 아울러 <발음편>을 보고 쓰기 훈련을 하면 한자 학습에도 도움이 될 것이다.

2006년 겨울 저자

목차

I 일본어의 발음

여기서는 일본어의 단음의 이론적인 설명은 생략하고, 실제 발음에 직접적인 영향을 미치는 음절(이 책에서는 특별한 경우 외에는 拍 <mora>와 동일 의미로 사용)의 연속 시에 일어나는 음성 현상을 중심으로 설명하고자 한다. 여기서의 일본어의 발음이란 동경 방언을 바탕으로 제정한 共通語(common language)를 뜻한다.

1. エ단 장음

일본어의 공통어에서는 エ단 다음에 i 모음이 올 경우 エ단의 e 모음을 장음으로 낸다.

えいせい(衛星) → [e：se：]
せいけい(成形) → [se：ke：]
けいたい(携帯) → [ke：tai]
ていねん(定年) → [te：neɴ]
へいぼん(平凡) → [he：boɴ]

2. 모음의 무성화

일본어의 모음[i][ɯ]는 다음과 같은 주변의 무성자음의 영향으로 성대가 울리지 않는 무성모음이 된다. 이 책에서는 무성모음의 표시로 모음 혹은 가나의 음절 밑에 밑줄[__]을 사용한다.

(1) 무성자음 사이에서

きく[kiku](菊)
きた[tika](北)
つき[tɯki](月)
あきかぜ[akikaze](秋風)
かしきり[kasikiri](貸し切り)
さちこ[satiko](幸子, 이름)
カクテル[kakɯteru](cocktail)

(2) 발화의 끝에서 무성자음 뒤이며 악센트가 낮을 때

あき[aki](秋)
バス[basɯ](bus)
かつ[katɯ](勝つ)
です[desɯ]

3. 리듬

일본어는 리듬 단위로 발음하고, 그 리듬은 拍과 음절로 구성된다. 그러므로 엄밀하게는 일본어의 경우, 음절과 拍, 리듬의 관계를 잘 이해해야 한다.

일본어의 가나 중 독립성이 있는 拍(자음+모음 혹은 모음으로 구성된 가나)은 그 자체가 하나의 음절을 이루고, 독립성이 없는 拍 즉 特殊拍(撥音, 促音, 무성화음, 이중모음 등)은 앞의 拍에 속하여 하나의 음절을 이룬다. 特殊拍이 속한 음절은 한 리듬을 이루고, 독립적인 가나는 두 개가 한 리듬이 되며, 가나 한 자는 반 리듬이 된다.

むね(胸) - 2 박 - 2 음절 - 1 리듬
わたし(私) - 3 박 - 3 음절 - 1.5 리듬
カット(cut) - 3 박 - 2 음절 - 1.5 리듬
みずうみ(湖) - 4 박 - 4 음절 - 2 리듬
おんがく(音楽) - 4 박 - 3 음절 - 2 리듬
がっこう(学校) - 4 박 - 2 음절 - 2 리듬

문의 경우는 다음과 같은 리듬이 된다.

そう だ ろう と お もい ます
∨ ＼ ∨ ＼ ＼ ∨ ∨

きっ さ てん で コー ヒー を のみ まし た
∨ ＼ ∨ ＼ ∨ ∨ ＼ ∨ ∨ ＼

4. 비모음

일본어의 음절 말음/N/(撥音)은, 뒤에 모음, 반모음, 혹은 /h//s/와 같음 마찰자음이 오면, 혀의 뒷부분이 연구개에 닿지 않는 [n](연구개 마찰 비음)이 된다.이 때 날숨이 코로도 나오므로 자연히 비모음이 된다.

일본어의 비모음은 프랑스어와 같이 음소의 역할은 못하지만, 지켜지지

않을 경우 ナ행의 음이 개입되는 경우가 많기 때문에 주의를 요한다.

5. 악센트

일본어의 모든 단어의 拍에는 음의 고저가 따른다. 이 음의 고저를 악센트라 부른다.

일본어의 악센트는 다음과 같은 규칙에 의하여 그 모양이 결정된다.

① 拍의 상대적 높이에 의한 高低 악센트다(이 책에서는 악센트의 높은 부분을 **짙게** 표시한다).

② 한 어절 안에는 높은 곳이 한 곳 뿐이다.

③ 제 1拍과 제 2拍의 높이는 반드시 다르다.

이들 규칙에 의거하여, 어절 도중에 하강의 유무에 따라 平板式과 起伏式으로 나누고, 起伏式은 다시 하강의 위치에 따라 頭高型, 中高型, 尾高型으로 나뉜다.

平板式

平板型： ひ·**が**(日が) か**ぜ**·**が**(風が) き**もの**·**が**(着物が) と**もだち**·**が**(友達が)

起伏式

頭高型： **ひ**·が(火が) **あ**め·が(雨が) **ほ**たる·が(蛍が) **お**おかみ·が(狼が)

中高型： た**ま**ご·が(卵が) あ**おぞ**ら·が(青空が) か**ざぐ**るま·が(風車が)

尾高型： あ**し**·が(足が) お**とこ**·が(男が) お**とうと**·が(弟が)

起伏式에서 하강 직전의 음(즉 **あ**めが의 **あ**, お**とこ**が의 こ)을 악센트의 核이라고 부른다. 즉 核의 유무에 따라 平板式과 起伏式으로 나누는데, 平板式의 平板型은 核이 없는 경우이고, 起伏式의 頭高型은 核이 첫 음절에,

中高型은 어절의 중간에, 尾高型은 단어의 끝음절에 核이 있는 경우를 말한다. 일본어의 악센트를 설명할 경우 核의 위치를 지정하는 것이 가장 편리한 방법이다.

이러한 악센트의 型은 질서정연한 것으로 일본어 속에서도 각 방언을 특징 지우는 중요한 자질이 된다.

일본어의 악센트에는 統語機能과 弁別機能이 있다. 통어기능은 모든 발화에서 복합 어절로 이루어진 호흡의 단위(breath group, 이 책에서는 「악센트句」라 명명)를 결정짓고, 변별기능은 동일 철자의 단어에 악센트를 달리하여 뜻을 구별하는 기능이다. 이 두 기능은 이 책에서 실제 문을 통하여 많은 연습을 하게 된다.

II 각 품사의 악센트

1. 명사와 접사류의 악센트

(1) 한 음절 조사가 접속할 경우, 起伏式은 명사의 核의 위치가 변하지 않고, 平板式은 전체가 平板型이 된다.
(한 음절의 조사 : か、 が、 さ、 ざ、 だ、 で、 と、 な、 に、 ね、 は、 へ、 も、 や、 よ、 を 등)

起伏式 : **て**(手)·が　**は**し(箸)·が　は**な**(花)·が　たまご(卵)·**が**
　　　せ**ん**せい(先生)·が

平板式 : き(気)·**が**　く**ち**(口)·**が**　さ**くら**(桜)·**が**　と**もだち**(友達)·が

(→ 이하, 예로서 이상의 단어를 사용)

※ 한 음절 조사 중, 「の」만은 起伏式의 尾高型을 平板型으로 만든다.

は**な**(花)·が → は**な·の**

お**んな**(女)·が → お**んな·の**

い**もうと**(妹)·が → い**もうと·の**

※ 그러나 다음과 같은 관용적 예외도 일부 존재한다.

つぎ·が―**つぎ**·の　　また·が―また·の

みん**な**·が―みん**な**·の　ふ**たり**·が―ふ**たり**の

よ**そ**·が―よ**そ**·の

(2) 두 종류의 조사 혹은 두 음절 이상의 접사가 이어질 경우, 起伏式은 명사의 核의 위치가 변하지 않고, 平板式은 접사의 첫 번째 음절이 核이 된다.

(두 종류의 접사와 두 음절 이상의 접사 : かと、かしら、かは、かも、こそ、さえ、でした、です、でも、とか、とも、など、なのだ、なので、なのです、なのに、なら、なり、には、にも、のも、ばかり、まで、みたい、やら、より 등)

起伏式 : **て**·かと　**は**し·かと　は**な**·かと　たま**ご**·かと　せ**んせ**い·かと

平板式 : き·**か**と　くち·**か**と　さ**くら**·**か**と　と**もだち**·**か**と

※ 「しか」는, 起伏式은 변화가 없고, 平板式은 「しか」의 「し」 가 無声化하여 核이 될 수 없으므로 명사의 끝 음절이 核이 된다.

起伏式 : **て**·しか　**は**し·しか　は**な**·しか　たま**ご**·しか　せ**んせ**い·しか

平板式 : **き**·しか　く**ち**·しか　さ**くら**·しか　と**もだち**·しか

※ 「う」가 붙은 접사 「だろう」「でしょう」는, 起伏式은 변화가 없고, 平板式은 「う」앞이 核이 된다.

起伏式 : **て**·だろう　**は**し·だろう　は**な**·だろう　たま**ご**·だろう
せんせい·だろう

平板式 : き·**だろ**う　く**ち**·**だろ**う　さ**くら**·**だろ**う　と**もだち**·**だろ**う

(3) 다음의 예와 같이 두 음절 이상의 접사와 한 음절의 접사가 연속하여 접속할 경우, 起伏式은 변하지 않고, 平板式은 첫 번째 접사의 끝이 核이 된다.

[예] からだ、 きりだ、 としては、 ほどだ

起伏式： **て**·からだ　**はし**·からだ　**はな**·からだ　**たまご**·からだ
せんせい·からだ

平板式： き·**から**だ　く**ち**·**から**だ　さ**くら**·**から**だ　と**もだち**·**から**だ

※「だけだ」는, 起伏式은 변화가 없거나 첫 접사의 끝 음절이 核이 되고, 平板式은 첫 접사의 끝 음절이 核이 된다.

起伏式： **て**·だけだ(て·**だけ**だ)　**は**し·だけだ(はし·**だけ**だ)
はな·だけだ(はな·**だけ**だ)

平板式： き·**だけ**だ　く**ち**·**だけ**だ　さ**くら**·**だけ**だ　と**もだち**·**だけ**だ

(4)「ぐらい、 かぎり、 どころか」류의 접사는, 起伏式은 변화가 없거나 접사의 첫 음절이 核이 되고, 平板式은 접사의 첫 음절이 核이 된다.

起伏式： **て**·ぐらい(て·**ぐ**らい)　**は**し·ぐらい(はし·**ぐ**らい)
はな·ぐらい(はな·**ぐ**らい)

平板式： き·**ぐ**らい　く**ち**·**ぐ**らい　さ**くら**·**ぐ**らい　と**もだち**·**ぐ**らい

(5)「らしい」는, 起伏式과 平板式을 같은 型으로 만든다.

起伏式： て·**らし**い　はし·**らし**い　は**な**·**らし**い　たま**ご**·**らし**い
せんせい·**らし**い

平板式： き·**らし**い　く**ち**·**らし**い　さ**くら**·**らし**い　と**もだち**·**らし**い

(6) 平板式인「日, 上, うち(家), 下, 人, 所」는 앞에 수식어가 붙으면 尾高型이 되는 특징이 있다.

ひが **のぼる**(日が昇る) → **やすみの ひ**は(休みの日は)

う**えに のべ**たとおり(上に述べたとおり) → **つくえの** うえに(机の上に)

う**ちを** あ**ける**(家を明ける) → **ひとの** う**ち**を た**ずね**る(人の家を訪ねる)

したは う**み**だ(下は海だ) → テ**ーブルの** し**た**に(テーブルの下に)

ひとの い**けん**(人の意見) → し**らない** ひ**と**が(知らない人が)

と**き**と と**ころを** か**んが**える(時と所を考える) → と**もだちの** と**ころ**に(友達の所に)

명사의 악센트형 연습

다음은 명사를 중심으로 악센트의 형을 연습할 수 있도록 하였다. 각 어절을 독립시켜 또박또박 소리 내어 읽는 것이 중요하며, 특히 일본어의 악센트는 어절 중간에 내려오는 것(起伏式)과 그렇지 않는 것(平板式)의 구별이 분명해야 하므로 주의를 요한다.

[平板型]

1. こ**うえんと** び**ょういんが** り**んせつし**て い**る**。

(公園と病院が隣接している)

2. と**もだちは** ア**メリカの** だ**いがくに** に**ゅうがくし**た。

(友達はアメリカの大学に入学した)

3. は**たけで** だ**いこんと** す**いかを** さ**いばいする**。

(畑で大根と西瓜を栽培する)

4. に**にんまえの** や**きとりと** や**きにくを** ち**ゅうもんし**た。

(二人前の焼き鳥と焼肉を注文した)

5. くちだけ　たっしゃな　せいじかが　いっぱいだ。

(口だけ達者な政治家がいっぱいだ)

6. にわに　むらさきいろの　すみれが　さいた。

(庭に紫色の菫が咲いた)

7. いたいいたいびょうの　かんじゃが　ぞくしゅつした。

(痛い痛い病の患者が続出した)

8. とかいの　こどもは　にんじんが　きらいだ。

(都会の子供は人参が嫌いだ)

9. きょうしつで　かってきままな　こうどうは　げんきんだ。

(教室で勝手気ままな行動は厳禁だ)

10. しゅうまつを　りようして　うんどうじょうで　あそんだ。

(週末を利用して運動場で遊んだ)

[頭高型]

1. さるが　きから　おちた。

(猿が木から落ちた)

2. えがおが　きれいな　あかちゃんだ。

(笑顔が綺麗な赤ちゃんだ)

3. はるからは　こうがいに　すむ。

(春からは郊外に住む)

4. ひばちから　ひが　でて　かじに　なった。

(火鉢から火が出て火事になった)

5. けちな　こんじょうの　ある　しょうにんだ。

(けちな根性のある商人だ)

6. わらの　やねから　あめが　もる。

(藁の屋根から雨が漏る)

7. ねえさんは　ほしさんと　まいにち　デートする。

(姉さんは星さんと毎日デートする)

8. キムチと　ナムルは　かんこくの　りょうりだ。

(キムチとナムルは韓国の料理だ)

9. ビールを　のんで　ビルに　はいった。

(ビールを飲んでビルに入った)

10. こうかの　メロンより　みかんを　たべた。

(高価のメロンより蜜柑を食べた)

[中高型]

1. あさっては　おねえさんが　あんないする。

(明後日はお姉さんが案内する)

2. こどもたちは　おもちゃで　はげしく　あらそった。

(子供たちは玩具で激しく争った)

3. いろがみで　いのししを　つくった。

(色紙で猪を作った)

4. じょうだんでも　かげぐちは　たたくな。

(冗談でも陰口はたたくな)

5. はなむこは　はなよめに　はなたばを　プレゼントした。

(花婿は花嫁に花束をプレゼントした)

6. おやつは　おかしが　いちばんだ。

(お八つはお菓子が一番だ)

7. うらどおりの　しょうてんがいを　ひとりで　あるいた。

(裏通りの商店街を一人で歩いた)

8. はなやの　おじょうさんに　ひとめでも　あいたい。

(花屋のお嬢さんに一目でも会いたい)

9. くさった　はまぐりは　たべない。

(腐った蛤は食べない)

10. きまじめな　きのしたさんは　しのびわらいした。

(生真面目な木下さんは忍び笑いした)

[尾高型]

1. あしたは　やすみで　てらへ　いく。

(あしたは休みで寺へ行く)

2. ふたりの　おとこは　ことばに　なまりが　ある。

(二人の男は言葉に訛がある)

3. つぎの　ひとは　ざしきに　とおしなさい。

(次の人は座敷に通しなさい)

4. しちがつの　やすみに　じつの　おやが　くる。

(七月の休みに実の親が来る)

5. おんなは　みんなの　ために　うたを　うたった。

(女は皆のために歌を歌った)

6. ふたつの　ときに　あたまに　けがを　した。

(二つの時に頭に怪我をした)

7. よその　むらには　ふゆに　くさも　はなも　ない。

(余所の村には冬に草も花もない)

8. おとうとは　いぬが　すきで　せわが　すきだ。

(弟は犬が好きで世話が好きだ)

9. いもうとは　うまに　のるのが　へただ。

(妹は馬に乗るのが下手だ)

10. よその　くにへ　たびを　したい。

(余所の国へ旅をしたい)

(※ 문장 끝의 동사는 다른 型도 사용)

2. 동사의 악센트와 교체

동사와 형용사 같은 활용어의 경우는 원형의 악센트형이 계속 지켜지는 것이 아니고, 활용에 따라 그 형도 모양을 달리하게 된다. 그 경우 무질서하게 변하는 것이 아니고, 정해진 틀에 따라 규칙적으로 정해지므로 그 규칙을 어길 경우 그 만큼 부정확도는 높아지므로 특히 주의를 요한다.

동사 원형의 악센트형은, 기본적으로 뒤에서 두 번째가 핵인 中高型과, 핵이 없는 平板型 이 두 型만 존재한다. 이들 원형의 악센트형만 알면, 악센트의 교체 규칙을 통하여 모든 활용형의 악센트형을 알 수 있으므로 편리하다.

中高型의 예

味わう　預かる　集まる　余る　謝る　争う　歩く　会わせる 生きる　急ぐ
営む　祈る　動く　打つ　移る　奪う　選ぶ　起す　怒る　納める　惜しむ
恐れる　落す　驚く　覚える　思う　泳ぐ　降りる 限る　書く　隠れる　傾く
勝つ　悲しむ　兼ねる　噛む　頑張る　切る　食う　腐る　崩れる　下さる
配る　苦しむ　汚れる　答える　断る　好む　困る　怖がる 遮る　栄える
叫ぶ　裂ける　差す　定まる　去る　騒ぐ　従う　閉める　過ぎる　攻める
育つ　備える　揃える　絶える　倒れる　助かる　叩く 立つ　楽しむ　頼む
躊躇う　食べる　騙す　黙る　誓う　近付く　疲れる　付き合う　作る 付ける
慎む　包む　出来る　手伝う　出る　届く　整う　怒鳴る　取る　直す　眺める
流れる　嘆く　投げる　怠ける　悩む 習う　成る　慣れる　似合う　憎む
盗む　願う　飲む　吐く　励ます　走る　恥じる　話す　離れる　早まる　払う
晴れる　ばれる　冷える　光る　響く　開く　広まる　増える　含む　防ぐ　降る
減る　経る　欲しがる　誉める 滅ぼす　掘る　任せる　蒔く　交わる　混ぜる
間違う　待つ 守る　迷う　見える　乱れる　導く　見る　目立つ　持つ 求める
戻る　役立つ　休む　破る　許す　喜ぶ　読む　弱る　分かる　分かれる
分ける

※ 中高型인 세 박의 동사 중, 장음 혹은 이중모음의 영향으로 뒤에서 세 번째가 핵인 동사로 다음과 같은 것이 있다.

かえす(返す)　かえる(帰る)　とおす(通す)　とおる(通る)　はいる(入る)
まいる(参る)　もうす(申す)

平板型의 예

上がる　開く　遊ぶ　与える　当たる　浴びる　洗う　慌てる 行く 虐める 頂く　居る　要る　入れる　植える　浮く　失う 歌う　生まれる　埋める　売る 追う　置く　行なう　送る 遅れる　教える　押す　踊る　溺れる　終わる　買う 重なる 飾る　貸す　固まる　通う　変わる　感じる　聞く　決まる　着る　呉れる　消す　越える　転ぶ　咲く　誘う　触る　叱る 死ぬ　知る　吸う　救う 進む　捨てる　座る　抱く　戦う　足りる　違う　通じる　続く　連れる　飛ぶ 止まる　泣く　並ぶ　握る　似る　抜く　塗る　濡れる　寝る　狙う　登る 乗る 運ぶ　始まる　働く　張る　引く　拾う　広がる　踏む 震える　触れる　減る 惚れる　曲がる　巻く　負ける　増す　纏める　学ぶ　真似る　認める　迎える　向く　結ぶ 燃える　催す　貰う　焼く　痩せる　止める　やる　揺れる 汚れる　寄せる　呼ぶ　忘れる　渡す　詫びる　笑う　割る

(1) 각 동사의 자·타동사 교체형, 사역형, 수동형, 가능형 등은 원형과 같은 형이 된다. 고로, 위의 각 악센트형의 예 중 이들 중의 하나만 제시하면 나머지는 굳이 나타낼 필요가 없다.

(이하, 각 형의 동사로 다음 예를 사용한다.)
中高型 ： みる(見る) よむ(読む) おきる(起きる) たべる(食べる) くる(来る)
平板型 ： ねる(寝る) いれる(入れる) なく(泣く) わらう(笑う)　する(為る)

中高型：みる－みせる－みさせる－みられる－みれる
　　　　よむ－よませる－よまれる－よめる

おきる―おこす―おきさせる―おきられる―おきれる

平板型：ねる―ねかす―ねさせる―ねられる―ねれる

いれる―いれさせる―いれられる

なく―なかす―なかせる―なかれる―なける

(2) 平板型에 접사류가 붙으면, 마지막 박에 核이 생긴다. 中高型은 원형의 核이 불변.

ねる·か　ねる·が　ねる·けど　ねる·とも　ねる·さ

ねる·わ　ねる·し　ねる·ぞ

※ 접사류 중「ね、 よ、 と、 な(감동)、 ほど」는 平板型을 그대로 平板型으로 만든다.

ねる　ねる·ね　ねる·よ　ねる·と　ねる·な　ねる·ほど

※ 부정의 종조사「―な」는 내려 붙는다.

ねる·な

(3) 부정의「―ない」접속

中高型：みる―み·ない　よむ―よま·ない　おきる―おき·ない　たべる―たべ·ない　くる―こ·ない

平板型：ねる―ね·ない　いれる―いれ·ない

なく―なか·ない　わらう―わらわ·ない

する―し·ない

※「平板型-ない」에 접사류가 붙으면, 원래는「い」가 핵이 되지만 이중 모음인 관계로「な」로 핵이 이동한다. 中高型은 불변.

ね**な**い·か　ね**な**い·が　ね**な**い·けど　ね**な**い·です
ね**な**い·とも　ね**な**い·し

※ 접사류 중「ね、よ、と、な(감동)、ほど」는 平板型을 그대로 平板型으로 만든다.

ね**ない·ね**　ね**ない·よ**　ね**ない·と**　ね**ない·な**　ね**ない·ほど**

※ 문어형의 부정접사「ーず」의 악센트형은 다음과 같다.

中高型 ： **み**·ず　**よ**ま·ず　**お**き·ず　**た**べ·ず　**こ**·ず
平板型 ： ね·**ず**　い**れ·ず**　な**か·ず**　わ**らわ·ず**
(「せ·ず」는 예외)

(4) 접속조사「ーて」와 과거 조동사「ーた」의 접속.

中高型 ： **み**·て　**よ**ん·で　**お**き·て　**た**べ·て　き·**て** (무성화로 핵 이동)
み·た　**よ**ん·だ　**お**き·た　**た**べ·た　き·**た**
平板型 ： ね·**て**　い**れ·て**　な**い·て**　わ**らっ·て**　し·**て**
ね·**た**　い**れ·た**　な**い·た**　わ**らっ·た**　し·**た**

※ 平板型「ーて」에 접사가 붙으면 내려 붙는다.

ね**て**·は　い**れて**·も　な**いて**·と

※ 平板型「ーた」에 접사「ね、よ、と、な、ほど」가 붙으면 원형의 경우

와 동일.

ない**た**·か　ない**た**·が　ない**た**·とも　ない**た**·わ　ない**た**·ぞ
ないた·ね　**ないた·よ**　**ないた·と**　**ないた·な**　ない**た·ほど**

(5) 병렬조사「ーたり」의 경우.

中高型 : **み**·たり　**よ**ん·だり　**お**き·たり　**た**べ·たり
き·**た**り

平板型 : ね·**たり**　い**れ·たり**　な**い·たり**　わ**らっ·たり**
し·**た**り

(6) 접속조사「ーながら」의 경우.

中高型 : み·**な**がら　よ**み**·ながら　お**き**·ながら
た**べ**·ながら　き·**な**がら

平板型 : ね·**ながら**　い**れ·ながら**　な**き·ながら**
わ**らい·ながら**　し·**ながら**

(7) 조동사「ーたい」의 경우.

中高型 : み·**た**い　よ**み**·たい　お**き**·たい　た**べ**·たい、
き·**た**い

平板型 : ね·**たい**　い**れ·たい**　な**き·たい**　わ**らい·たい**　し·**たい**

※ 平板型「ーたい」에 접사가 붙으면「た」가 핵이 된다.

ね**た**い·か　ね**た**い·が　ね**た**い·けど　ね**た**い·とも
ね**た**い·わ

(8) 목적을 뜻하는 격조사 「一に」의 경우.

中高型 ： **み**·に **よ**み·に **お**き·に **た**べ·に **き**·に

平板型 ： ね·**に** い**れ**·**に** な**き**·**に** わ**らい**·**に** し·**に**

(9) 조건를 뜻하는 격조사 「一は」의 경우.

中高型 ： **み**·は **よ**み·は **お**き·は **た**べ·は **き**·は

平板型 ： **ね**·は い**れ**·は な**き**·は わ**らい**·は **し**·は

(10) 상태를 나타내는 조동사 「一そうだ」의 경우.

中高型 ： み·**そ**うだ よ**み**·**そ**うだ おき·**そ**うだ

たべ·**そ**うだ き·**そ**うだ

平板型 ： ね·**そうだ** い**れ**·**そうだ** なき·**そうだ**

わ**らい**·**そうだ** し·**そうだ**

(11) 소문을 나타내는 조동사 「一そうだ」의 경우.

中高型 ： **み**る·そうだ **よ**む·そうだ お**き**る·そうだ

た**べ**る·そうだ **く**る·そうだ

平板型 ： ね**る**·**そ**うだ い**れる**·**そ**うだ なく·**そ**うだ

わ**らう**·そうだ す**る**·**そ**うだ

※ 다음의 접사들도 이 규칙을 따른다.

「一かぎり」「一ころ」「一とおり」「一どころか」「一まで」「一みたいだ」「一ようだ」「一より」

(12) 부조사 「―だけ」의 경우.

中高型 : **み**る·だけだ　**よ**む·だけだ　お**き**る·だけだ
た**べ**る·だけだ　**く**る·だけだ

平板型 : ね**る·だけ**だ　い**れる·だけ**だ　な**く·だけ**だ
わ**らう·だけ**だ　す**る·だけ**だ

(13) 문어체 조동사 「―べき」의 경우.

中高型 : **み**る·べきだ　**よ**む·べきだ　お**き**る·べきだ　た**べ**る·べきだ
くる·べきだ

平板型 : ね**る·べ**きだ　い**れる·べ**きだ　な**く·べ**きだ　わ**らう·べ**きだ
す·**べ**きだ

(14) 가정법 「―ば」의 경우.

中高型 : **み**れ·ば　**よ**め·ば　お**き**れ·ば　た**べ**れ·ば **く**れ·ば
平板型 : ね**れ**·ば　い**れれ**·ば　な**け**·ば　わ**らえ**·ば　す**れ**·ば

(15) 명령형의 경우.

中高型 : **み**ろ　**よ**め　お**き**ろ　た**べ**ろ　**こ**い
平板型 : ね**ろ**　い**れろ**　な**け**　わ**らえ**　し**ろ**

※ 平板型에 강조의 「―よ」가 오면 내려붙는다. 中高型은 核이 불변.

ね**ろ**·よ　い**れろ**·よ　な**け**·よ　わ**らえ**·よ　し**ろ**·よ

(16) 中高型 , 平板型 모두 같은 형의 악센트

一ます	み·ます	よみ·ます	おき·ます	たべ·ます
	き·ます	ね·ます	いれ·ます	なき·ます
	わらい·ます	し·ます		
一らしい	みる·らしい	よむ·らしい	おきる·らしい	
	たべる·らしい	ねる·らしい	いれる·らしい	
	なく·らしい	わらう·らしい		
一やすい	み·やすい	よみ·やすい	おき·やすい	
	たべ·やすい	ね·やすい	いれ·やすい	
	なき·やすい	わらい·やすい		

(「一にくい」도 동일)

一まい	み·まい	よむ·まい	おき·まい	たべ·まい
	ね·まい	いれ·まい	なく·まい	わらう·まい
一(よ)う	み·よう	よも·う	おき·よう	たべ·よう
	ね·よう	いれ·よう	なこ·う	わらお·う

(17) 동사의 명사형은 기본적으로 中高型은 尾高型, 平板型은 平板型이 된다.

中高型 ： み·が　よみ·が　おき·が　たべ·が　き·が

平板型 ： ね·が　いれ·が　なき·が　わらい·が　し·が

※ 명사형이 이미 명사로서 굳어서 동사의 의식이 없을 경우는 頭高型이 나타나기도 한다.

とむ(富む)一とみ　かぎる(限る)一かぎり　かせぐ(稼ぐ)一かせぎ

さわぐ(騒ぐ)一 さわぎ　たたる(祟る)一たたり　たのむ(頼む)一たのみ

はなれる(離れる)一はなれ　このむ(好む)一 このみ　ぬく(抜く)一ぬき

まく(巻く)ー**まき**　むく(向く)ー**む**き

(18) 복합동사의 악센트형은, 원칙적으로 앞 동사의 악센트형의 반대가 되지만, 지금은 모두 中高型으로 통일되는 경향이 강하다.

はなす＋**あ**う → は**なしあう** → は**なしあ**う(話し合う)
たべる＋すぎる → た**べすぎる** → た**べすぎ**る(食べ過ぎる)
か**さなる**＋**あ**う → か**さなりあ**う(重なり合う)
ね**る**＋こむ → ね**こ**む(寝込む)

(19) 복합동사의 명사형은 기본적으로 모두 平板型이다.

は**なしあ**う → は**なしあい**·**が**、 た**べすぎ**る → た**べすぎ**·**が**
きき**と**る → き**きとり**·**が**、 だ**きあわせ**る → だ**きあわせ**·**が**

※ 앞뒤의 관계가 서로 대립 또는 병렬 관계인 경우는 平板型이 아닌 型이 나타나기도 한다.

ねおき(寝起き)　う**り**かい(売り買い)　の**り**おり(乗り降り)
みむき(見向き)　**よ**みかき(読み書き)　す**き**きらい(好き嫌い)

(20) 3박 두고형 동사의 악센트 교체

かえる(帰る)ーか**えられ**るーか**えらせ**るーか**えれ**るーか**えら**ないーか**えりま**すーか**えりな**がらー**か**えりは(ーする)ーか**えり**がー**か**えってー**か**えったー**か**えったりー**か**えったらー**か**えればー**か**えれーか**えろ**う

동사의 악센트형의 연습

(1) 원형

[발음편]

めいきょくを　あじわう　じかん　　しょうりの　かいかんを　あじわうか

ひゃくさいまで　いきるか　　せいぎに　いきる　ひと

かねに　こころが　うごく　　じんじいどうで　ごにんも　うごくぞ

なみだを　のむ　せんしゅ　　じょうけんは　のむけど

しょうばいを　やすむ　　やすむ　ひまが　ない

ひとりで　あそぶ　こども　　なにを　して　あそぶか

ずいぶん　おくれるぞ　　けっこんが　おくれる　げんいん

きく　みみを　もたない　　ちゅうこくを　きくしか　ない

かいだんを　のぼる　しゅんかん　　わだいに　のぼる

たのしく　はたらく　ひと　　ぬすみを　はたらくが

[본문편]

名曲を味わう時間　勝利の快感を味わうか

百歳まで生きるか　正義に生きる人

金に心が動く　　人事異動で五人も動くぞ

涙を飲む選手　　条件は飲むけど

商売を休む　　休む暇がない

一人で遊ぶ子供　何をして遊ぶか

ずいぶん遅れるぞ　結婚が遅れる原因

聞く耳を持たない　忠告を聞くしかない

会談を登る瞬間　話題に登る

楽しく働く人　　盗みを働くが

(2)「一ない」

いっしょに あるかない?　しゅだんを えらばない
にんずは かぎらないけど　こころが けがれないように
まだ こどもに すぎない　なきがおは つくらないこと

うだつが あがらない ひと　かねは ぜったい かさない
まえと かわらない たいど　なみだが とまらない
おとこは なかない　もえない ごみ

一緒に歩かない?　手段を選ばない
人数は限らないけど　心が汚れないように
まだ子供に過ぎない　泣き顔は作らないこと

うだつが上がらない人　金は絶対貸さない
前と変わらない態度　涙が止まらない
男は泣かない　燃えない塵芥

(3)「一て 一た」

あわせて　いくら?　くさっても　たい
だまって　じゅぎょうを　やすんだ　だいぶ なれた
かくれた　じんざい　たのんでも　むだだ
ちかみちが　できた　はれて　ふうふに　なった
あしに　まかせて　あるいた　まちに　まった　チャンスだ

うまれて はじめてだ　なにを おいても まなんだ

せんせいの いかりを かった　かさねて わびた
かれは きまって やきにくだ　すすんで はっぴょうした
やせても かれても　にこにこ わらった

合わせていくら?　腐っても鯛
黙って授業を休んだ　だいぶ慣れた
隠れた人材　頼んでも無駄だ
近道ができた　晴れて夫婦になった
足に任せて歩いた　待ちに待ったチャンスだ

生まれてはじめてだ　何を置いても学んだ
先生の怒りを買った　重ねて詫びた
彼は決まって焼き肉だ　進んで発表した
痩せても枯れても　にこにこ笑った

(4)「一たり」

あやまったり おこったり へんだ　あるいたり はしったり たいへんだ
のんだり たべたり たのしかった　かいたり よんだり いそがしかった
なやんだり くるしんだり ばかだ　いちにちじゅう はれたり くもったりだ

うたったり おどったり おおさわぎだ　ないたり わらったり おかしいね
あそんだり はたらいたり かってだ　いちばで うったり かったりだ
ほんを かしたり かりたり する　おしえたり まなんだり じゆうだ

謝ったり怒ったり変だ　歩いたり走ったり大変だ
飲んだり食べたり楽しかった　書いたり読んだり忙しかった
悩んだり苦しんだり馬鹿だ　一日中晴れた曇ったりだ

歌ったり踊ったり大騒ぎだ　泣いたり笑ったり可笑しいね
遊んだり働いたり勝手だ　市場で売ったり買ったりだ
本を貸したり借りたりする　教えたり学んだり自由だ

(5)「一ながら」

あるきながら たべた　たべながら かんがえた
かんがえながら はしった　はしりながら はなした
はなしながら なげいた　なげきながら ちかった

うたいながら ないた　なきながら きいた
ききながら しかった　しかりながら たたかった
たたかいながら ころんだ　ころびながら わらった

歩きながら食べた　食べながら考えた
考えながら走った　走りながら話した
話しながら嘆いた　嘆きながら誓った

歌いながら泣いた　泣きながら聞いた
聞きながら叱った　叱りながら戦った
戦いながら転んだ　転びながら笑った

(6)「一たい」

ひとめ あいたい ひと　ここは ひとりで あるきたい
いつまでも おぼえたい えいが　ぜひ あいてに かちたい
つきあいたい おんな　まじわりたい おとこ

うえたい じゅもく　かりたい しょうせつ

きたい ドレス　ふれたい はだ
いやな ことは わすれたい　つかいかたを しりたい

一目会いたい人　ここは一人で歩きたい
いつまでも覚えたい映画　ぜひ相手に勝ちたい
付き合いたい女　交わりたい男

植えたい樹木　借りたい小説
着たいドレス　触れたい肌
いやなことは忘れたい　使い方を知りたい

(7)「一は」(조건)

うごきは　するが　あるくのは　むりだ　かちは　したが　すっきりしない
こたえは　するが　ちからが　ない　さけびは　したが　きこえないようだ
そなえは　するが　あんしんできない　たべは　するが　すきでは　ない

うりは するが かねに ならない　かざりは するが きれいで ない
かよいは するが なおらない　ききは するが さっぱり わからない
さきは するが すぐ ちる　さそいは するが のって くれない

動きはするが歩くのは無理だ　勝ちはしたがすっきりしない
答えはするが力がない　叫びはしたが聞こえないようだ
備えはするが安心できない　食べはするが好きではない

売りはするが金にならない　飾りはするが綺麗でない
通いはするが直らない　聞きはするがさっぱり分からない
咲きはするがすぐ散る　誘いはするが乗ってくれない

(8)「一そうだ」(상태)

ふんいきでは みな あつまりそうだ　おこりそうな かおだ
やっと こころが うごきそうだ　ひどく なりそうな じょうたいだ
あしたまで ふりそうだ　もうすぐ はれそうだ

じゅっぷん おくれそうだ　かたが ふれそうな きょりだ
とうぶん つづきそうな てんきだ　やじが とびそうだ
いまにも なきそうな かおだ　メモを とらないと わすれそうだ

雰囲気ではみな集まりそうだ　怒りそうな顔だ
やっと心が動きそうだ　ひどくなりそうな状態だ
明日まで降りそうだ　もうすぐ晴れそうだ

十分遅れそうだ　肩が触れそうな距離だ
当分続きそうな天気だ　野次が飛びそうだ
今にも泣きそうな顔だ　メモを取らないと忘れそうだ

(9)「一そうだ」(소문)

きみの せいこうを いのるそうだ　いつも こころを くばるそうだ
えんだんを ことわるそうだ　いなかで くらすそうだ
なんでも できるそうだ　きみを にくむそうだ

また しゅくだいを あたえるそうだ　まいにち シャワーを
あびるそうだ
うわさを みみに いれたそうだ　りょひは かなり うくそうだ
こんかいは ゆうしょうを ねらうそうだ　ひとめに ほれたそうだ

君の成功を祈るそうだ　いつも心を配るそうだ
縁談を断るそうだ　田舎で暮らすそうだ
なんでもできるそうだ　君を憎むそうだ

また宿題を与えるそうだ　毎日シャワーを浴びるそうだ
噂を耳に入れたそうだ　旅費はかなり浮くそうだ
今回は優勝を狙うそうだ　一目に惚れたそうだ

(10)「一ば」

いそげば　いそぐほど　そんを　する　　おもえば　おもうほど　くやしい
かめば　かむほど　かたく　なる　　このめば　このむほど　のぞましい
つきあえば　つきあうほど　いやだ　　のめば　のむほど　のみたく　なる

あらえば　あらうほど　きたなく　なる　　しかれば　しかるほど　すねる
すえば　すうほど　わるい　　のぼれば　のぼるほど　たかく　みえる
まなべば　まなぶほど　むずかしい　　よべば　よぶほど　にげる

急げば急ぐほど損をする　思えば思うほどくやしい
噛めば噛むほど固くなる　好めば好むほど上手になる
付き合えば付き合うほどいやだ　飲めば飲むほど飲みたくなる

洗えば洗うほど汚くなる　叱れば叱るほど拗ねる
吸えば吸うほど悪い　登れば登るほど高く見える
学べば学ぶほど難しい　呼べば呼ぶほど逃げる

3. 형용사의 악센트와 교체

형용사도 동사와 같이 악센트의 型은 기본적으로, 끝에서 두 번째 음이 核인 中高型과 핵이 없는 平板型으로 나뉜다. 많은 형용사 중에서 平板型의 형용사는 그리 많지 않아 다음의 형용사를 기억해 두면 그 외는 모두 中高型이므로 편리하다.

[平板型의 형용사]

赤い 浅い 厚い 甘い 荒い 薄い 遅い 重い 軽い 固い きつい 暗い 煙い
つらい 遠い 眠い 丸い
明るい 危ない 美味しい 悲しい 黄色い 冷たい 優しい 宜しい

(1) 부사형「一く」의 경우.

中高型 : **な**く(無く) さ**む**く(寒く) まぶ**し**く(眩しく)
平板型 : お**そく**(遅く) か**るく**(軽く) あ**ぶなく**(危なく)

※ 平板型에 접사「て、 は、 も」등이 붙으면 다음과 같이 핵이 생긴다.

お**そく**て お**そく**は お**そく**も

(2) 과거형「一かった」의 경우.

中高型 : **な**かった さ**む**かった まぶ**し**かった
平板型 : お**そ**かった か**る**かった あ**ぶな**かった

(3) 平板型에 접사류가 붙으면 형용사의 마지막 음이 核이 되지만, 이중

모음이 되어 앞으로 이동함으로써 결국 中高型과 모양이 같아진다.

中高型： ない·か　さむい·が　まぶしい·けど
平板型： おそい·か　かるい·が　あぶない·けど

※ 동사와 같이 접사류「ね、よ、と、な、ほど」는 平板型의 경우 전체가 平板型이 된다.

平板型： おそい·ね　かるい·よ　あぶない·な

(4) 소문을 나타내는「ーそうだ」의 경우. 추측을 나타내는「ーようだ」도 같은 형이 된다.

中高型： ない·そうだ　さむい·そうだ　まぶしい·そうだ
平板型： おそい·そうだ　かるい·そうだ　あぶない·そうだ

(5) 추측의「ーそうだ」경우.

中高型： なさ·そうだ　さむ·そうだ　まぶし·そうだ
平板型： おそ·そうだ　かる·そうだ　あぶな·そうだ

(6) 정도를 나타내는 부조사「ーぐらい」의 경우.

中高型： ない·ぐらい　さむい·ぐらい　まぶしい·ぐらい
平板型： おそい·ぐらい　かるい·ぐらい　あぶない·ぐらい

(7) 가정법「ーければ」의 경우.

中高型： な·ければ　さむ·ければ　まぶし·ければ

平板型： おそ·ければ　かる·ければ　あぶな·ければ

※「ーしい」로 끝나는 平板型의 형용사는「し」가 무성화가 되는 관계로 결국 中高型과 형이 같아진다.

かなし·ければ → かなし·ければ

(8) 音便形의 경우.

中高型： のう　さもう　まぶしゅう
平板型： おそう　かろう　あぶのう

(9) 中高型, 平板型의 형이 같아지는 경우.
추측의 부조사「ーらしい」, 문어 추측「ーかろう」

中高型： いい·らしい　さむい·らしい　まぶしい·らしい
　　　　よかろう　さむかろう　まぶしかろう
平板型： おそい·らしい　かるい·らしい　あぶない·らしい
　　　　おそかろう　かるかろう　あぶなかろう

형용사의 악센트형의 연습

(1) 원형

[발음편]

ない ほうが ましだ　いい きみだ

ぎょうぎの わるい がくせい　いそがしい まいにちだ

まぶしいほど うつくしい　けっこんは まだ はやい

あかい ばらが さいた　きょうは きが おもい

あたまが かたい ひと　くつが きつい

おとこは つらいよ　きいろい こえを あげた

[본문편]

ない方がましだ　いい気味だ

行儀の悪い学生　忙しい毎日だ

眩しいほど美しい　結婚はまだ早い

赤い薔薇が咲いた　今日は気が重い

頭が固い人　靴がきつい

男はつらいよ　黄色い声をあげた

(2)「ーく」

きょうみも なく いよくも ない　ひとづきあいが よく ない

わるくは ないけど よくも ない　ふところが さむく なった

だんだん あつく なりそうだ　ぬのを くろく そめた

かおが あかく なった　あかくは なったが だいじょうぶ
うすく あじを つけた　あじは うすくても おいしい
おいしく いただきました　やさしく もてなした

興味もなく意欲もない　人付き合いがよくない
悪くはないけどよくもない　懐が寒くなった
だんだん熱くなりそうだ　布を黒く染めた

顔が赤くなった　赤くはなったが大丈夫
薄く味をつけた　味は薄くても美味しい
美味しくいただきました　やさしくもてなした

(3)「一かった」

これは なかった ことに しよう　たばこを やめて よかった
めつきが こわかった　きょねんは とくに あつかった
ひょうばんが たかかった　へやは あたたかかった

けいけんが あさかった　こどもに あまかった
ことばが あらかった　ものわかりが おそかった
せいかくは あかるかった　ごうかくは あぶなかった

これはなかったことにしよう　たばこを止めてよかった
目付きが恐かった　去年は特に熱かった
評判が高かった　部屋は暖かかった

経験が浅かった　子供に甘かった
言葉が荒かった　物分かりが遅かった
性格は明るかった　合格は危なかった

(4)「一そうだ」(소문)

まだ　たよりが　ないそうだ　ふうふの　なかは　よいそうだ
きゅうりょうは　ひくいそうだ　ながれは　きよいそうだ
みの　こなしは　やわらかいそうだ　はしが　ころんでも
おかしいそうだ

ふたりは　ゆうじょうに　あついそうだ　あいだがらは　とおいそうだ
ひとがらは　まるいそうだ　ぜんとは　あかるいそうだ
ものがたりは　かなしいそうだ　たいどは　つめたいそうだ
まだ便りがないそうだ　夫婦の仲はよいそうだ
給料は低いそうだ　流れは清いそうだ
身のこなしは柔らかいそうだ　箸が転んでも可笑しいそうだ

二人は友情に厚いそうだ　間柄は遠いそうだ
人柄は丸いそうだ　前途は明るいそうだ
物語は悲しいそうだ　態度は冷たいそうだ

(5)「一ければ」

ピアノが　うまければ　ごうかく　せいかつが　きびしければ　ふあん
にがければ　のまなくても　よい　はやければ　はやいほど　いい
かおが　ひろければ　ひろいほど　いい　あたまが　わるければ　どう

きしょうが　あらければ　だめ　にんじょうが　うすければ　いや
ひとが　かたければ　さいこう　しごとが　つらければ　やめる
てんきが　あぶなければ　とりけし　よろしければ　なによりです

ピアノがうまければ合格　生活が厳しければ不安

苦ければ 飲まなくてもよい　早ければ早いほどいい
顔が広ければ広いほどいい　頭が悪ければどう

気性が荒ければだめ　人情が薄ければいや
人が固ければ最高　仕事がつらければ止める
天気が危なければ取り消し　宜しければ何よりです

III 악센트형의 종합연습

이 부분에서는 모든 품사의 어절을 종합해서 발음을 연습하도록 준비하였다. 각 품사의 특성을 잘 살려서 또박또박 읽는 것이 중요하다. 각 문에는 가능한 한 관용구를 넣어서 학습 효과를 기했고, 문의 말미는 구어체를 사용하여 구어체에도 익숙해지도록 하였다.

[발음편]

1. きが　おけない　あいだがらだから　だいじょうぶだよ。
2. いぬごやに　けの　はえたような　ほったてごやだってば。
3. やつは　ちも　なみだも　ない　しゃっきんとりだって。
4. どうせ　ひとの　くちに　とは　たてられないからね。
5. なも　ない　かんとくに　げたを　あずけられるか。
6. べんきょうどころか　みも　こころも　ゲームに　うちこんでいるって。
7. そうで　なくても　あねに　うりふたつだと　よく　いわれるよ。
8. またも　うしに　ひかれて　ぜんこうじまいりか。
9. とうじは　かおから　ひが　でる　おもいだったよ。
10. むりだと　くちが　すっぱく　なるほど　いいきかせたのに。
11. いまかいまかと　くびを　ながく　して　まって　いたのに。
12. あんなに　さけは　のんでも　のまれるなと　いったのにな。
13. いくら　ねだられても　ない　そでは　ふれないよね。
14. はなが　きれいなのを　はなに　かけてる　ひめぎみさまだ。

15. おとこどうしで　ひざを　まじえて　はなして　みよう。

16. どうやら　おやこの　あいだが　うまく　いかないらしいよ。

17. こんかいだけは　おおめに　みて　やるから　きを　つけるんだね。

18. みんなで　ひたいを　あつめて　かいけつさくを　ねって　おくように。

19. せいじかは　へいきで　にまいじたを　つかうから　しんようできないよ。

20. うわやくの　かおいろを　みないで　しょしんを　つらぬくんだね。

21. おじさんは　きつねに　つままれたようで　まるで　わからなかったって。

22. だいがくの　たいがくで　せけんを　せまく　する　ことに　なっちゃった。

23. どうぶつを　いじめて　こっぴどく　きゅうを　すえられたって。

24. ともだちも　からだを　はって　やったけど　およばなかったって。

25. これいじょう　まてないから　つぎの　はなしあいで　けりを　つけよう。

26. あいてを　みくだすのは　きを　みて　もりは　みずだね。

27. ねこの　ても　かりたいほどだから　しゅみまでに　てが　まわらないよ。

28. いつも　いちやづけだから　しけんに　ぜんぜん　はが　たたないはずよ。

29. もくてきちは　めと　はなの　さきなんだから　あるこうよ。

30. おとなの　くせに　まんがなしには　よも　ひも　あけないほどだって。

31. あきの　ひは　つるべおとしだから　いそがなくちゃ。

32. あにの　つめの　あかを　せんじて　のめと　よく　いわれたもんだ。

33. これぐらいは　あめが　ふろうが　やりが　ふろうが　きょうじゅうに　やっつけちゃう。

34. こうえんって　いつも　くもを　つかむような　はなしばかりじゃない。

35. からだに　わるいのに　あまい　ものに　めが　ないって。

36. むかしから　さるも　きから　おちるって　いうじゃない。

37. つまは　きもったまが　ちいさいから　ひとりで　ねられないよ。

38. けっこんゆびわが　のどから　てが　でるほど　ほしかったのに。

39. かないは　あたまから　ゆげを　たてて　まって　いるはずだ。

40. ぜんこくで　ごほんの　ゆびに　はいる　しゅうさいだって。

41. おかに　のぼれば　けしきが　てに　とるように　よく　みえるよ。

42. うしろがみを　ひかれる　おもいで　こきょうを　でて　きたんだよ。

43. せっかくだから なごやまで あしを のばして くれたら いいのに。

44. ふうふげんかは いぬも くわないとは もう むかしの はなしだ。

45. でる ところへ でて くろしろを はっきり つけようじゃないか。

46. せいようの ひとびとも とうようの いがくに いちもくおくように なったね。

47. あんなに にんきの あった タレントが このごろ かげが うすいね。

48. にょうぼうの しりに しかれても また うわきごころが あたまを もたげて きたか。

49. はんにんは いいかげんな へんじで おちゃを にごそうと したよ。

50. あの けちんぼうは すねに きずを もってるから びくびく するん じゃない。

51. あなたって いつも ことばじりを とらえて あげあしを とるんだから。

52. いつつの こに ミスを してきされて とんだ あかはじを かいちゃったよ。

53. えたいが しれない ひとが いとこだなんて きもを つぶしちゃった。

54. さんだい つづいた おふろの かんばんを おろすとは よっぽどの じじょうが あるだろうね。

55. さんしんで やっと きょねん うたれた ホームランの おもいを はらしたよ。

56. ぎしんあんきに おちいりがちだから かきねを とりはらって はなしあおうじゃ ないか。

57. にくやは いちにちじゅう たちっぱなしで あしが ぼうに なっちゃったって。

58. はなやは しょうばいは しないで あぶらを うって いて つぶれちゃったって。

59. みんな ふきげんなのに ひとり えつに いって いるなんて なさけないよね。

60. いそうろうの くせに また おかわりか、 みのほどしらずだね。

61. げいしゃが からかさを さして こまたに あるいて いるよ。

62. もちあわせの げんきんが なくて にっちも さっちも いかなかったってば。

63. じょうだんの つもりが めを さんかくに されちゃったよ。

64. せんせいの はなむけの ことばに こころを うたれて むねが いっぱいになった。

65. たいふうで ふねが でなくて みっかも しまに くぎづけに なっちゃったよ。

66. おもいがけない できごとで おもわず めを うたがったよ。

67. あしが ちに つかない けいかくで、てのひらを かえすように よくも かわるね。

68. しゅえんの たけなわの ころ のみものが きれて うえを したへの おおさわぎだって。

69. おやに しなれて はじめて その ありがたさを しる ものだって。

70. けっこんしたばかりの はなよめなのに かけいの きりもりが じょうずだって。

71. みずうみの ほとりの べっそうで とぐろを まいて いんぼうを たくらんだって。

72. おないどしなのに ずいぶん としを くって いるようだね。

73. おまわりさんが ふところを こやして くびに なったそうだよ。

74. キャンパスで おおっぴらに あいあいがさだって めに あまるね。

75. ひろうえんに かおだけ かしてと たのまれたのに しかいまで やらされるとは。

76. まだ じょのくちなのに もう あごを だして どう するんだ。

77. いぬは みっかの おんを さんねん わすれずと いうのに、まして にんげんが。

78. しにものぐるいで うでを ふるって つくったけど はなも ひっかけなかったよ。

79. うまには のって みよ ひとには そうて みよと むかしから いうね。

80. ひとことも もらすまいと えりを ただして きいてたけど、どうも ふに おちなかったよ。

81. かいしゃに すてられ かぞくにも みはなされて かみを おろしたって。

82. きみは　ものごとを　しかくに　かんがえるから　ての　うちようが　ないんだよ。

83. ちちは　いちひめにたろうを　ゆびおり　かぞえて　まって　いたのに、けっきょく　ひとりごだった。

84. あんなに　かたく　しんじて　いた　ひとに　いたくも　ない　はらを　さぐられるなんて。

85. ひじで　おしのけて　はいったけど　ひじでっぽうを　くわされちゃった。

86. すじがねいりの　がくしゃが　おんなに　うつつを　ぬかして　ほねぬきになったって。

87. にほんりょうりやで　ざしきに　とおされて　さんかいの　ちんみを　あじわったよ。

88. とどのつまり　せいようじんは　さしみを　けぎらい　するって　わけか。

89. こうぎちゅう　いちいち　じびきを　ひくのは　かんがえものだよ。

90. すきこそ　ものの　じょうずなれと　いっても　すきに　なれないんだから。

91. すばらしかった　にわが　ていれを　おこたったので　もとのもくあみになっちゃった。

92. ばかと　はさみは　つかいようだから　きみを　つかって　みようか。

93. みんなが　めを　さらに　して　さがしたが　かげも　かたちも　なかったよ。

94. やすみを　りようして　きんじょの　ために　ひとはだ　ぬごうか。

95. ゆうべから　まんじりとも　しないで　てぐすねひいて　まって　いたのにね。

96. きょうしょうは　よなかまで　らちが　あかないので　ごうを　にやしたって。

97. はだんの　はなしを　きいて　いもうとは　めがしらを　おさえて　へやに　とびこんじゃった。

98. こいびとに　ふられた　おとうとは　いるすを　つかって　まだ　ねどこに　いりびたりだって。

99. らくだいせいは　くるしみと　くやしさの　いたばさみに　なって　うごきがとれないって。

100. おしょうがつに　なってから　たばこを　やめるって　おにが　わらうよ。

악센트형의 종합연습

[본문편]

1. 気が　置けない　間柄だから　大丈夫だよ。
2. 犬小屋に　毛の　生えたような　掘っ立て小屋だってば。
3. やつは　血も　涙も　ない　借金取りだって。
4. どうせ　人の　口に　戸は　立てられないからね。
5. 名も　ない　監督に　下駄を　預けられるか。
6. 勉強どころか　身も　心も　ゲームに　打ち込んで　いるって。
7. そうで　なくても　姉に　瓜二つだと　よく　言われるよ。
8. またも　牛に　引かれて　善光寺参りか。
9. 当時は　顔から　火が　出る　思いだったよ。
10. 無理だと　口が　すっぱく　なるほど　言い聞かせたのに。
11. 今か今かと　首を　長く　して　待って　いたのに。
12. あんなに　酒は　飲んでも　飲まれるなと　言ったのにな。
13. いくら　ねだられても　ない　袖は　振れないよね。
14. 鼻が　きれいなのを　鼻に　掛けてる　姫君様だ。
15. 男同士で　膝を　交えて　話して　見よう。
16. どうやら　親子の　間が　甘く　行かないらしいよ。
17. 今回だけは　大目に 見て　やるから　気を　付けるんだね。
18. みんなで　額を　集めて　解決策を　練って　おくように。
19. 政治家は　平気で　二枚舌を　使うから　信用できないよ。
20. 上役の　顔色を　見ないで　初心を　貫くんだね。
21. 叔父さんは　狐に　つままれたようで　まるで　分からなかったって。
22. 大学の　退学で　世間を　狭く　する　ことに　なっちゃった。
23. 動物を　虐めて　こっぴどく 灸を 据えられたって。
24. 友達も　体を　張って　やったけど 及ばなかったって。
25. これ以上　待てないから　次の　話し合いで　けりを 付けよう。

26. 相手を　見下すのは　木を　見て　森は　見ずだね。

27. 猫の　手も　借りたいほどだから　趣味までに　手が 回らないよ。

28. いつも　一夜漬けだから　試験に　全然 歯が　立たないはずよ。

29. 目的地は　目と　鼻の　先なんだから　歩こうよ。

30. 大人の　癖に　漫画無しには　夜も　日も　明けないほどだって。

31. 秋の 日は 釣瓶落しだから 急がなくちゃ。

32. 兄の 爪の 垢を 煎じて 飲めと よく 言われたもんだ。

33. これぐらいは　雨が　降ろうが　槍が　降ろうが　今日中に　やっつけちゃう。

34. 講演って　いつも　雲を　掴むような　話ばかりじゃない。

35. 体に　悪いのに　甘い　物に　目が　ないって。

36. 昔から　猿も　木から　落ちるって　言うじゃない。

37. 妻は　肝っ玉が　小さいから　一人で　寝られないよ。

38. 結婚指輪が　喉から　手が　出るほど　ほしかったのに。

39. 家内は　頭から　湯気を　立てて　待って　いるはずだ。

40. 全国で　五本の　指に　入る　秀才だって。

41. 丘に　登れば　景色が　手に　取るように　よく　見えるよ。

42. 後ろ髪を　引かれる　思いで　故郷を　出て　来たんだよ。

43. せっかくだから　名古屋まで　足を　伸ばして　くれたら いいのに。

44. 夫婦喧嘩は　犬も　食わないとは　もう　昔の　話だ。

45. 出る　所へ　出て　黒白を　はっきり　付けようじゃないか。

46. 西洋の　人々も　東洋の　医学に　一目置くように　なったね。

47. あんなに　人気の　あった　タレントが　このごろ　影が 薄いね。

48. 女房の　尻に　敷かれても　また　浮気心が　頭を　もたげて 来たか。

49. 犯人は　いい加減な　返事で　お茶を　濁そうと　したよ。

50. あの　けちん坊は　脛に　傷を　持ってるから　びくびく するんじゃない。

51. あなたって　いつも　言葉じりを　捕らえて　揚げ足を　取るんだから。

52. 五つの　子に　ミスを　指摘されて　とんだ　赤恥を　かいちゃったよ。

53. 得体が　知れない　人が　従兄弟だなんて　肝を　潰しちゃった。

54. 三代　続いた　お風呂の　看板を　下ろすとは　よっぽどの　事情が　あるだろうね。

55. 三振で　やっと　去年　打たれた　ホームランの　思いを　晴らしたよ。

56. 疑心暗鬼に 陥りがちだから 垣根を 取り払って 話し合おうじゃ ないか。

57. 肉屋は　一日中　立ちっぱなしで　足が　棒に　なっちゃったって。

58. 花屋は 商売は しないで 油を 売って いて 潰れちゃったって。

59. 皆　不機嫌なのに　一人　悦に　入って　いるなんて 情けないよね。

60. 居候の　癖に　また　お代わりか、　身の程知らずだね。

61. 芸者が　唐笠を　さして　小股に　歩いて　いるよ。

62. 持ち合わせの　現金が　なくて　ニ進　も三進も　行かなかったってば。

63. 冗談の　つもりが　目を　三角に　されちゃったよ。

64. 先生の　餞の　言葉に　心を　打たれて　胸が　いっぱいに なった。

65. 台風で　舟が　出なくて　三日も　島に　釘付けに なっちゃったよ。

66. 思い掛けない　出来事で　思わず　目を　疑ったよ。

67. 足が　地に　着かない　計画で、　手のひらを　返すように　よくも　変わるね。

68. 酒宴の　たけなわの　頃　飲み物が　切れて　上を　下への 大騒ぎだって。

69. 親に　死なれて　始めて　その　有り難さを　知る　ものだって。

70. 結婚したばかりの　花嫁なのに　家計の　切り盛りが 上手だって。

71. 湖の 辺りの 別荘で とぐろを 巻いて 陰謀を 企んだって。

72. 同い年なのに　ずいぶん　年を　食って　いるようだね。

73. お巡りさんが　懐を　肥やして　首に　なったそうだよ。

74. キャンパスで　おおっぴらに　相合傘だって　目に　余るね。

75. 披露宴に　顔だけ　貸してと　頼まれたのに　司会まで やらされるとは。

76. まだ 序の口なのに もう 顎を 出して どう するんだ。

77. 犬は　三日の　恩を　三年　忘れずと　言うのに、　まして　人間が。

78. 死に物狂いで　腕を　振るって　作ったけど　はなも 引っ掛けなかったよ。

79. 馬には　乗って　見よ　人には　添うて　見よと　昔から　言うね。
80. 一言も　漏らすまいと　襟を　正して　聞いてたけど、 どうも　腑に　落ちなかったよ。
81. 会社に 捨てられ 家族にも 見離されて 髪を 下ろしたって。
82. 君は 物事を 四角に 考えるから 手の 打ちようが ないんだよ。
83. 父は　一姫二太郎を　指折り　数えて　待って　いたのに、 結局　一人子だった。
84. あんなに　固く　信じて　いた　人に　痛くも　ない　腹を　探られるなんて。
85. 肘で 押し退けて 入ったけど 肘鉄砲を 食わされちゃった。
86. 筋金入りの　学者が　女に　現を　抜かして　骨抜きに なったって。
87. 日本料理屋で　座敷に　通されて　山海の　珍味を 味わったよ。
88. とどのつまり　西洋人は　刺身を　毛嫌するって　わけか。
89. 講義中　一々　字引を　引くのは　考え物だよ。
90. 好きこそ　物の　上手なれと　言っても　好きに　なれないんだから。
91. 素晴らしかった　庭が　手入れを　怠ったので　元の 木阿弥に　なっちゃった。
92. 馬鹿と　鋏は　使いようだから　君を　使って　みようか。
93. 皆が　目を　皿に して　探したが　影も　形も　なかったよ。
94. 休みを　利用して　近所の　ために　一肌 脱ごうか。
95. 夕べから　まんじりとも　しないで　手薬練引いて　待って いたのにね。
96. 協商は　夜中まで　埒が　明かないので　業を　煮やしたって。
97. 破談の　話を　聞いて　妹は　目頭を　押さえて　部屋に　飛び込んじゃった。
98. 恋人に　振られた　弟は　居留守を　使って　まだ 寝床に　入り浸りだって。
99. 落第生は　苦しみと　悔しさの　板挟みに　なって　動きが　取れないって。
100. お正月に　なってから　たばこを　止めるって　鬼が 笑うよ。

IV 악센트구의 연습

일본어의 악센트는, 실제의 발화에서는 어절 단위로 하나하나 발음되는 것이 아니고, 몇 개의 어절이 모여 하나의 음단위 즉 악센트句로 발음되는 것이 일반적이다. 악센트句를 만드는 기능을 통어기능이라 한다. 지금까지는 일본어의 악센트형을 익히기 위해 주로 어절 단위로 연습하였으나, 여기서는 보다 자연스러운 발음을 익히기 위해 임의로 악센트의 句를 만들어 연습하도록 하였다. 예문은 앞의 「악센트형의 종합연습(본문)」을 활용하였으므로, 악센트는 <발음편>을 참고하고, 악센트句의 경계는 / /로 표시하였다.

[본문편]

1. /気が置けない間柄だから/ 大丈夫だよ/。
2. /犬小屋に毛の生えたような/ 掘っ立て小屋だってば/。
3. /やつは/ 血も涙もない借金取りだって/。
4. /どうせ/ 人の口に戸は立てられないからね/。
5. /名もない監督に/ 下駄を預けられるか/。
6. /勉強どころか/ 身も心もゲームに打ち込んでいるって/。
7. /それでなくても/ 姉に瓜二つだとよく 言われるよ/。
8. /またも/ 牛に引かれて善光寺参りか/。
9. /当時は/ 顔から火が出る思いだったよ/。
10. /無理だと/ 口がすっぱくなるほど言い聞かせたのに/。
11. /今か今かと/ 首を長くして待っていたのに/。
12. /あんなに/ 酒は飲んでも飲まれるな 言ったのにな/。
13. /いくらねだられても/ ない袖は振れないよね/。

14. /鼻がきれいなのを/ 鼻に掛けてる姫君様だ/。

15. /男同士で/ 膝を交えて話して見よう/。

16. /どうやら/ 親子の間が甘く行かないらしいよ/。

17. /今回だけは大目に見てやるから/ 気を付けるんだね/。

18. /みんなで/ 額を集めて解決策を練っておくように/。

19. /政治家は/ 平気で二枚舌を使うから信用できないよ/。

20. /上役の顔色を見ないで/ 初心を貫くんだね/。

21. /叔父さんは/ 狐につままれたようでまるで分からなかったって/。

22. /大学の退学で/ 世間を狭くすることになっちゃった/。

23. /動物を虐めて/ こっぴどく灸を据えられたって/。

24. /友達も/ 体を張ってやったけど及ばなかったって/。

25. /これ以上待てないから/ 次の話し合いでけりを付けよう/。

26. /相手を見下すのは/ 木を見て森は見ずだな/。

27. /猫の手も借りたいほどだから/ 趣味までに手が回らないよ/。

28. /いつも一夜漬けだから/ 試験に全然歯が立たないはずよ/。

29. /目的地は/ 目と鼻の先なんだから歩こうよ/。

30. /大人の癖に/ 漫画無しには夜も日も明けないほどだって/。

31. /秋の日は/ 釣瓶落しだから急がなくちゃ/。

32. /兄の爪の垢を煎じて飲めと/ よく言われたもんだ/。

33. /これぐらいは/ 雨が降ろうが槍が降ろうが/ 今日中にやっつけちゃう/。

34. /講演って/ いつも雲を掴むような話ばかりじゃない/。

35. /体に悪いのに/ 甘い物に目がないって/。

36. /昔から/ 猿も木か 落ちるって言うじゃない/。

37. /妻は/ 肝っ玉が小さいから一人で寝られないよ/。

38. /結婚指輪が/ 喉から手が出るほどほしかったのに/。

39. /家内は/ 頭から湯気を立てて待っているはずだ/。

40. /全国で/ 五本の指に入る秀才だって/。

41. /丘に登れば/ 景色が手に取るようによく見えるよ/。

42. /後ろ髪を引かれる思いで/ 故郷を出て来たんだよ/。

43. /せっかくだから/　名古屋まで足を伸ばしてくれたらいいのに/。

44. /夫婦喧嘩は/ 犬も食わないとはもう昔の話だ/。

45. /出る所へ出て/ 黒白をはっきり付けようじゃないか/。

46. /西洋の人々も東洋の医学に/ 一目置くようになったね/。

47. /あんなに人気のあったタレントが/ このごろ影が薄いね/。

48. /女房の尻に敷かれても/ また浮気心が頭をもたげて来たか/。

49. /犯人は/ いい加減な返事でお茶を濁そうとしたよ/。

50. /あのけちん坊は/ 脛に傷を持ってるからびくびくするんじゃない/。

51. /あなたって/　いつも言葉じりを捕らえて揚げ足を取るんだから/。

52. /五つの子にミスを指摘されて/　とんだ赤恥をかいちゃったよ/。

53. /得体が知れない人が従兄弟だなんて/ 肝を潰しちゃった/。

54. /三代続いたお風呂の看板を下ろすとは/ よっぽどの事情があるだろうね/。

55. /三振で/ やっと去年打たれたホームランの思いを晴らしたよ/。

56. /疑心暗鬼に陥りがちだから/ 垣根を取り払って話し合おうじゃないか/。

57. /肉屋は一日中立ちっぱなしで/ 足が棒になっちゃったって/。

58. /花屋は/　商売はしないで油を売っていて潰れちゃったって/。

59. /皆不機嫌なのに一人悦に入っているなんて/ 情けないよね/。

60. /居候の癖にまたお代わりか/、身の程知らずだね/。

61. /芸者が/　唐笠をさして小股に歩いているよ/。

62. /持ち合わせの現金がなくて/ ニ進も三進も行かなかったってば/。

63. /冗談のつもりが/ 目を三角にされちゃったよ/。

64. /先生の餞の言葉に心を打たれて/ 胸がいっぱいになった/。

65. /台風で舟が出なくて/ 三日も島に釘付けになっちゃったよ/。

66. /思い掛けない出来事で/ 思わず目を疑ったよ/。

67. /足が地に着かない計画で/、手のひらを返すようによくも変わるね/。

68. /酒宴のたけなわの頃飲み物が切れて/ 上を下への大騒ぎだって/。

69. /親に死なれて/　始めてその有り難さを知るものだって/。

70. /結婚したばかりの花嫁なのに/ 家計の切り盛りが上手だって/。

71. /湖の辺りの別荘で/ とぐろを巻いて陰謀を企んだって/。

72. /同い年なのに/ ずいぶん年を食っているようだね/。

73. /お巡りさんが/ 懐を肥やして首になったそうだよ/。

74. /キャンパスで/ おおっぴらに相合傘だって目に余るね/。

75. /披露宴に顔だけ貸してと頼まれたのに/ 司会までやらされるとは/。

76. /まだ序の口なのに/ もう顎を出してどうするんだ/。

77. /犬は三日の恩を三年忘れずと言うのに/、まして人間が/。

78. /死に物狂いで腕を振るって作ったけど/ はなも引っ掛けなかったよ/。

79. /馬に乗って見よ人には添うて見よと/ 昔から言うね/。

80. /一言も漏らすまいと襟を正して聞いてたけど/、どうも腑に落ちなかったよ/。

81. /会社に捨てられ家族にも見離されて/ 髪を下ろしたって/。

82. /君は物事を四角に考えるから/ 手の打ちようがないんだよ/。

83. /父は/ 一姫二太郎を指折り数えて待っていたのに/、結局一人だった/。

84. /あんなに固く信じていた人に/ 痛くもない腹を探られるなんて/。

85. /肘で押し退けて入ったけど/ 肘鉄砲を食わされちゃった/。

86. /筋金入りの学者が/ 女に現を抜かして骨抜き なったって/。

87. /日本料理屋で座敷に通されて/ 山海の珍味を味わったよ。

88. /とどのつまり/ 西洋人は刺身を毛嫌するってわけか/。

89. /講義中/ 一々字引引くのは考え物だよ/。

90. /好きこそ物の上手なれと言っても/ 好きになれないんだから/。

91. /素晴らしかった庭が手入れを怠ったので/ 元の木阿弥になっちゃった/。

92. /馬鹿と鋏は使いようだから/ 君を使ってみようか/。

93. /皆が目を皿にして探したが/ 影も形もなかったよ/。

94. /休みを利用して/ 近所のために一肌脱ごうか/。

95. /夕べからまんじりともしないで/ 手薬練引いて待っていたのにね/。

96. /協商は夜中まで埒が明かないので/ 業を煮やしたって/。

97. /破談の話を聞いて/ 妹は目頭を押さえて部屋に飛び込んじゃった/。

98. /恋人に振られた弟は/ 居留守を使ってまだ寝床に入り浸りだって/。

99. /落第生は/ 苦しみと悔しさの板挟みになって動きが取れないって/。

100. /お正月になってからたばこを止めるって/ 鬼が笑うよ/。

V 악센트의 변별기능

일본어의 악센트에는 앞의 악센트句를 만드는 통어기능 외에 또 하나는 동일 철자의 단어가 악센트형의 차이로 의미가 구별되는 「변별기능」이 있다. 전체적으로 보면 모든 문에 적용되는 통어기능의 역할이 훨씬 광범위하지만, 변별기능 역시 의미를 구별하여 의사소통을 원활하게 해주므로 간과해서는 안 된다.

여기서는 생활 속에서 빈도가 높은 단어를 일부 골라, 악센트형을 서로 대비시켜 문을 만들었다. 그러므로 다소 의미의 연결에는 자연스럽지 못한 점이 있으나, 어절 하나하나를 정확하게 낭독하여 변별기능에 익숙해지도록 하였다.

[발음편]

1. あか(赤：垢)

   あかの　あ**かすり**に　あ**か**が　**つ**いて　あ**か**ぐろく　**な**った。

2. あき(秋：飽き)

   あきは　あ**きか**ぜが　**ふ**いて　あ**き**が　**く**る　き**せ**つだ。

3. あさ(朝：麻)

   あさ　あさぎりの　**な**かで　**と**った　あ**さ**で　あ**さおり**を　つ**く**った。

4. あし(足：芦)

あしで　あしを　かきわけて　あしばやに　あるいた。

5. あじ(鯵：味)

あじの　あじが　あじわいたくて　あじみを　した。

6. あつい(厚い：熱い)

あつがりが　あつい　コートで　あつい　おゆを　のむ。

7. あめ(雨：飴)

あめが　ふって　あめが　とけて　あめやが　ないた。

8. あわ(粟：泡)

ありが　あわを　たべて　あわを　ふき　あわてふためいた。

9. いき(息：生き)

いきを　して　いきが　いい　いきものが　いっぱいだ。

10. いし(医師：石：意志)

いしは　いしを　はこぶ　いしが　いっさい　ない。

11. いつか(五日：いつか)

いつかの　じけんは　いつか　はなすから　いつでも　こい。

12. いま(今：居間)

いもうとは　いまは　ひまで　いまで　やすんで　いる。

13. うって(打って：売って)

くだものやは　てを　うって　くだものを　うって　いる。

14. うみ(生み：海：膿)

うみの　はは は　うみで　うみが　でて　うんざりした。

15. うり(瓜：売り)

うりは　いま　うりに　だした　ほうが　いい。

16. えんぎ(演技：縁起)

さいしょの　えんぎが　よかったので　えんぎの　いい　えんぎしゃだ。

17. えんちょう(園長：延長)

えんちょうさんは　えんのしたの　ちからもちで　にんきが　えんちょうされた。

18. かう(飼う：買う)

かいぬしは　かうために　かいいぬを　かう　どうぶつあいこうかだ。

19. かえる(蛙：帰る)

かえるの　なきごえを　ききながら　かえぎを　もって　かえる。

20. かた(方：肩)

あの　かたは　かたは　りっぱだが、　かたあてが　よく　ない。

21. かき(夏期：柿：牡蛎：垣)

がきだいしょうは　かきに　かきと　かきを　かきに　かけた。

22. かさ(傘：嵩)

かさかさした　かさが　おおくて　かさが　はる。

23. かし(菓子：貸し)

かしやに　かしの　ために　かした　かしが　ある。

24. かしん(家臣：過信)

かしんを　かしんするのは　かしこく　ない　かしらだ。

25. かび(黴：華美)

かびんは　かびが　はえても　かびに　みえる。

26. かま(鎌：釜)

ざつじに　かまけて　かまが　かまに　はいったが　かまわない。

27. かみ(髪：紙：神)

かみさんは　かみを　かみに　つつんで　かみに　そなえた。

28. かめ(亀：瓶)

えんにちで　かった　かめを　かめに　いれて　かった。

29. かん(缶：勘：燗)

かんとくは　やかんを　かんに　いれて　かんで　かんを　した。

30. かんこく(韓国：勧告)

はんにんを　かんごくに　いれないように　かんこくの　せいふに　かんこくした。

31. きじ(記事：生地：雉)

きじに　よると　きじに　きじが　えがいて　あるそうだ。

32. きみ(気味：黄身：君)

きみが　わるい　きみは　きみに　やる　きみが　ある。

33. きょう(今日：京：経)

きょうは　きょうの　てらで　きょうを　よもうか。

34. きょうだい(兄弟：鏡台)

きょうだいで　きょだいな　きょうだいを　きょうかいへ　はこんだ。

35. きり(切り：霧)

まいにち　きりが　ないほど　きりが　たちこめる。

36. けさ(今朝：袈裟)

けさは　けさを　きないで　けっさくの　おきょうを　よんだ。

37. けっこう(欠航：結構)

あらしで　けっこうするのは　けっこうだが　あらかじめ　しらせるべきだ。

38. こうかい(公開：後悔)

こうむいんが　しりょうを　こうかいして　こうかいした。

39. こえ(肥え：声)

こえを　はこぶ　こえが　やまを　こえて　きこえた。

40. こし(腰：輿)

こしを　かがめて　こしに　のって　ひっこした。

41. こぶ(瘤：昆布：鼓舞)

こぶに　こぶを　はって　しきを　こぶした。

42. さけ(鮭：酒)

さけを　さかなに　さけを　のむ　さけくせが　ある。

43. し(死：詩)

しじんは　しを　かなしんで　しを　かいたが　しっぱいした。

44. しか(鹿：市価)

しかいに　しかを　しかで　うりはらった。

45. じき(時期：直)

じきに　なると　じきに　きて　じきそするように。

46. しげき(史劇：刺激)

しげきの　しけいしっこうは　しげきが　つよすぎる。

47. しょうにん(商人：証人)

しょうばいちゅうの　しょうにんが　じけんの　しょうにんに　なった。

48. しろ(白：城)

しろの　しろを　しろいめで　みる　しろうとだ。

49. すず(錫：鈴)

すずで　つくった　すずの　おとが　すがすがしい。

50. すみ(隅：炭：済み)

すみの　すみは　もう　すみに　なって　すみません。

51. せき(席：咳)

せきばらいを　して　せきに　ついたが　せきが　でて　せきめんした。

52. せんし(戦士：戦死)

せんじつ　せんじちゅうの　せんしは　みんな　せんしした。

53. せんとう(先頭：銭湯)

せんとうに　たって　せんとうへ　いって　せんぱつした。

54. たいしょう(大将：大勝：大賞)

たいしょうは　たいしょうして　たいしょうを　もらった。

55. たか(鷹：高)

たかは　たかいと　たかを　くくった　たかがりが　たかいした。

56. たけ(他家：竹：丈)

たけの　たけの　たけが　きに　なる　たけつの　ひとだ。

57. たび(旅：度：足袋)

たびに　でる　たびに　たびを　はきかえる　たびびとだ。

58. たま(たま：玉)

たまには　たまに　きずが　あっても　たまげるな。

59. ちり(地理：塵)

ちりの　ほんに　ちりが　つもって　ちりちりに　なった。

60. つま(つま：妻)

さしみの　つまを　つまが　つついて　つまはじきされた。

61. つめ(詰め：爪)

つめが　あまいから　つめたい　つめで　ひっかかれる。

62. つや(通夜：艶)

つやに　つやが　ある　おんなが　きて　つやけしだ。

63. つゆ(梅雨：露)

つゆが　あけて　くさばに　つやつやしい　つゆが　できた。

64. つる(蔓：弦：鶴)

きの　つるを　ゆみの　つるに　して　つるを　とった。

65. てつ(轍：鉄)

おなじ　てつを　ふんで　てつどうの　てつが　さびた。

66. どうじょう(道場：同情)

どうりゅうの　どうじょうの　どうりょうが　どうじに　どうじょうした。

67. とし(年：都市)

としを　とると　としより　いなかが　いいが　としガスは　ない。

68. なし(梨：無し)

なしは　なしに　して　ことを　なしくずしに　なしとげた。

69. なみ(波：並)

これぐらいの　なみは　なみうちぎわでは　なみだ。

70. にじ(二時：虹)

にじに　にしの　そらに　にじが　でて　にぎにぎしい。

71. にほん(日本：二本)

にほんでは　にほんの　はしで　しょくじを　する。

72. ね(根：値)

ふかく　ねを　はった　たいぼくは　ねが　はる。

73. のみ(鑿：蚤)

のみで　のみを　つぶして　のみやに　のみに　いった。

74. のり(海苔：乗り)

のりを　たべたら　おしろいの　のりが　よくて　のりきに　なった。

75. は(葉：歯)

きみどりの　はを　はで　かんで　はにかむ　しょうじょ。

76. はし(橋：箸)

はしから　はしを　おとす　はしたない　ひとだ。

77. はた(端：旗)

みちの　はたで　はたを　みて　はたと　とうわくした。

78. はち(蜂：鉢)

はちが　はちに　はちまきを　しめて　はちのすを　つくった。

79. ばつ(閥：罰．ばつ)

ばつを　つくって　ばつを　うけ　ばつが　わるかった。

80. はな(端：鼻：花)

はなから　はなを　はなに　つけて　はなうたを　うたった。

81. ばら(薔薇：散)

ばらつきの　ある　ばらを　ばらで　かって　ばらばらに　した。

82. はり(梁：針)

だれが はりに はりを さすか はりきって はり**あった。**

83. はれ(晴れ：腫れ)

はれに なったら **はれが ひいて はれば**れした。

84. ばん(晩：番)

ばんに ばんがさの **ばん**を **する**のは **ぼくの ばん**だ。

85. ひがし(乾菓子：東)

ひがしさんは ひ**が**しと ひ**が**さを **も**って ひ**がしから き**た。

86. ひげ(髭：卑下)

ひげづらの ひげを ひげするのは **ひ**げきだ。

87. ひとめ(人目：一目)

ひ**とめを** しのんで ひとめ あ**いた**いが ひとあし **おくれた。**

88. ひび(日々：罅)

へ**いおんだ**った **ひ**びの せ**いかつに ひ**び**が** は**いりはじ**めた。

89. ひる(昼：蛭)

ひ**る**に ひ**る**んだ **ひ**るを **と**って ひ**るね**した。

90. ふり(振り：不利)

ふ**りのきゃくは** い**く**ら か**ねもちの** ふ**り**を し**ても ふ**りだ。

91. へいき(平気：兵器)

へいけは へ**いきに** へいきを つかって へ**こたれた。**

92. へた(蔕：下手)

いちごの　へたを　とるのが　へたで　へたへたと　すわりこんだ。

93. まご(孫：馬子)

まが　さしたか　まごを　まごに　して　まごついた。

94. むし(虫：無視)

むすめに　ついた　むしを　むしする　ひとは　むしが　いい。

95. むら(斑：村)

せいかくに　むらが　ある　ひとが　おおい　むらだ。

96. めいし(名士：名刺)

めいしの　めいしを　あつめたが　めいしいれが　ない。

97. もも(腿：桃)

ももたろうは　ももの　うえに　ももを　のせて　もみはじめた。

98. よい(宵：酔い：良い)

よいに　よいが　まわって　よい　きぶんで、よいざましは
いらない。

99. ようかん(洋館：羊羹)

ようかんで　ようりょうが　よく　よういに　ようかんを　たべた。

100. よめ(夜目：嫁)

よめに　よめを　もらうのは　あぶない　よめとりだ。

악센트의 변별기능

[본문편]

1. 赤の　垢擦りに 垢が　付いて　赤黒く　なった。
2. 秋は　秋風が　吹いて　飽きが　くる　季節だ。
3. 朝　朝霧の　中で　取った　麻で　麻織りを　作った。
4. 足で　芦を　掻き分けて　足早に　歩いた。
5. 鯵の　味が　味わいたくて 味見を　した。
6. 暑がりが　厚い　コートで　熱い　お湯を 飲む。
7. 雨が　降って　飴が 溶けて 飴屋が　泣いた。
8. 蟻が　粟を　食べて　泡を 吹き あわてふためいた。
9. 息を　して　生きが　いい　生き物が　いっぱいだ。
10. 医師は 石を 運ぶ 意志が 一切 ない。
11. 五日の 事件は いつか 話すから いつでも 来い。
12. 妹は 今は 暇で 居間で 休んで いる。
13. 果物屋は 手を 打って 果物を 売って いる。
14. 生みの 母は 海で 膿が 出て うんざりした。
15. 瓜は 今 売りに 出した 方が いい。
16. 最初の 演技が よかったので 縁起の いい 演技者だ。
17. 園長さんは 縁の下の 力持ちで 任期が 延長された。
18. 飼い主は 飼うために 飼い犬を 買う 動物愛好家だ。
19. 蛙の 鳴き声を 聞きながら 替着を 持って 帰る。
20. あの 方は 肩は りっぱだが、肩当てが よく ない。
21. 餓鬼大将は 夏期に 柿と 牡蛎を 垣に 掛けた。
22. かさかさした 傘が 多くて 嵩が 張る。
23. 菓子屋に 菓子の ために 貸した 貸しが ある。
24. 家臣を 過信するのは 賢く ない 頭だ。
25. 花瓶は 黴が 生えても 華美に 見える。

26. 雑事に かまけて 鎌が 釜に 入ったが 構わない。

27. かみさんは 髪を 紙に 包んで 神に 供えた。

28. 縁日で 買った 亀を 瓶に 入れて 飼った。

29. 監督は 薬缶を 缶に 入れて 勘で 燗を した。

30. 犯人を 監獄に 入れないように 韓国の 政府に 勧告した。

31. 記事に よると 生地に 雉が 描いて あるそうだ。

32. 気味が 悪い 黄身は 君に やる 気味が ある。

33. 今日は 京の 寺で 経を 読もうか。

34. 兄弟は 巨大な 鏡台を 教会へ 運んだ。

35. 毎日 切りが ないほど 霧が 立ち込める。

36. 今朝は 袈裟を 着ないで 傑作の お経を 読んだ。

37. 嵐で 欠航するのは 結構だが 予め 知らせるべきだ。

38. 公務員が 資料を 公開して 後悔した。

39. 肥えを 運ぶ 声が 山を 越えて 聞こえた。

40. 腰を 屈めて 輿に 乗って 引っ越した。

41. 瘤に 昆布を 張って 志気を 鼓舞した。

42. 鮭を 肴に 酒を 飲む 酒癖が ある。

43. 詩人は 死を 悲しんで 詩を 書いたが 失敗した。

44. 歯科医に 鹿を 市価で 売り払った。

45. 時期に なると 直に 来て 直訴するように。

46. 史劇の 死刑執行は 刺激が 強すぎる。

47. 商売中の 商人が 事件の 証人に なった。

48. 白の 城を 白い目で 見る 素人だ。

49. 錫で 作った 鈴の 音が すがすがしい。

50. 隅の 炭は もう 済みに なって すみません。

51. 咳払いを して 席に ついたが 咳が 出て 赤面した。

52. 先日 戦時中の 戦士は みんな 戦死した。

53. 先頭に 立って 銭湯へ 行って 洗髪した。

54. 大将は 大勝して 大賞を もらった。

55. 鷹は 高いと 高を 括った 鷹狩りが 他界した。

56. 他家の 竹の 丈が 気に なる 多血の 人だ。

57. 旅に 出る 度に 足袋を 履き替える 旅人だ。

58. たまには 玉に 傷が あっても たまげるな。

59. 地理の 本に 塵が 積もって ちりちりに なった。

60. 刺身の つまを 妻が つついて 爪弾きされた。

61. 詰めが あまいから 冷たい 爪で 引っ掛かれる。

62. 通夜に 艶が ある 女が 来て 艶消しだ。

63. 梅雨が 明けて 草葉に 艶々しい 露が できた。

64. 木の 蔓を 弓の 弦に して 鶴を 取った。

65. 同じ 轍を 踏んで 鉄道の 鉄が 錆びた。

66. 同流の 道場の 同僚が 同時に 同情した。

67. 年を 取ると 都市より 田舎が いいが 都市ガスは ない。

68. 梨は 無しに して 事を 済し崩しに 成し遂げた。

69. これぐらいの 波は 波打ち際では 並だ。

70. 二時に 西の 空に 虹が 出て 賑々しい。

71. 日本では 二本の 箸で 食事を する。

72. 深く 根を 張った 大木は 値が 張る。

73. 鑿で 蚤を 潰して 飲み屋に 飲みに 行った。

74. 海苔を 食べたら 白粉の 乗りが よくて 乗り気に なった。

75. 黄緑の 葉を 歯で 噛んで はにかむ 少女。

76. 橋から 箸を 落す はしたない ひとだ。

77. 道の 端で 旗を 見て はたと 当惑した。

78. 蜂が 鉢に 鉢巻きを 締めて 蜂の巣を 作った。

79. 閥を 作って 罰を 受け ばつが 悪かった。

80. 端から 鼻を 花に 付けて 鼻唄を 歌った。

81. ばらつきの ある 薔薇を 散で 買って ばらばらに した。

82. 誰が 梁に 針を 刺すか 張り切って 張り合った。

83. 晴れに なったら 腫れが 引いて 晴れ晴れした。

84. 晩に 番傘の 番を するのは 僕の 番だ。
85. 東さんは 乾菓子と 日傘を 持って 東から 来た。
86. 髭面の 髭を 卑下するのは 悲劇だ。
87. 人日を 忍んで 一日 会いたいが 一足 遅れた。
88. 平穏だった 日々の 生活に 罅が 入り始めた。
89. 昼に 怯んだ 蛭を 取って 昼寝した。
90. 振りの客は いくら 金持ちの 振りを しても 不利だ。
91. 平家は 平気に 兵器を 使って へこたれた。
92. 苺の 蔕を 取るのが 下手で へたへたと 座り込んだ。
93. 魔が 差したか 孫を 馬子に して まごついた。
94. 娘に 付いた 虫を 無視する 人は 虫が いい。
95. 性格に 斑が ある 人が 多い 村だ。
96. 名士の 名刺を 集めたが 名刺入れが ない。
97. 桃太郎は 腿の 上に 桃を 乗せて 揉み始めた。
98. 宵に 酔いが 回って 良い 気分で、酔い醒ましは 要らない。
99. 洋館で 要領が よく 容易に 羊羹を 食べた。
100. 夜目に 嫁を もらうのは 危ない 嫁取りだ。

VI 합성어의 악센트

일본어의 명사의 악센트는 다른 자립형의 단어나 접미어 등을 만나 합성어를 만들 때 악센트의 형이 변한다. 그 변화의 규칙이 매우 일정하기 때문에 지켜지지 않을 경우 발음이 많이 어색할 뿐만 아니라 의사전달에도 장애가 생길 수 있다.

먼저 자립형과 자립형이 만나 어형성을 하는 복합어의 경우는 후속하는 자립어의 첫 음이 核이 되는 中高型이 된다(후속하는 자립어가 두 음절 이하인 경우는 이 규칙을 따르지 않는 경우가 많다).

한편 파생어(자립형+구속형)의 경우는 후속하는 구속형(즉 접미어)에 의해 결정되는 특징이 있다. 즉 자립형의 마지막 음을 核으로 만드는 中高型 접미어와 전체를 平板型으로 만드는 접미어의 두 종류가 있다.

복합어의 경우는 후속하는 자립어의 수가 무한정이기 때문에 여기에 다 예를 들 수 없으나, 빈도가 높은 일부의 예를 들면 다음과 같다.

복합어의 후속 자립어의 예

—相手　—意識　—運動　—音楽　—会議　—会社
—家族　—学校　—関係　—機嫌　—教育　—記録
—銀行　—暮らし　—計画　—化粧　—結婚　—言葉
—時間　—地獄　—仕事　—次第　—自宅　—芝居
—自慢　—茶碗　—趣味　—所帯　—頭巾　—住まい

ー手当　ー豆腐　ー女房　ー値段　ー幕府　ー番組
ー半分　ー日和　ー舞台　ー布団　ー弁当　ー坊主
ー包丁　ー見舞　ー息子　ー眼鏡　ー文句　ー屋敷
ー料理　ー旅行　ー約束

파생어의 구속형의 경우도 그 수는 아주 많지만, 생활에 많이 쓰이는 경우는 그 수가 어느 정도 한정되기 때문에 그 예를 들면 다음과 같다.

파생어의 후속 구속형의 예

[中高型]

ー員　ー駅　ー会　ー海　ー街　ー学　ー館　ー機
ー客　ー業　ー局　ー区　ー劇　ー県　ー祭　ー市
ー式　ー室　ー社　ー者　ー手　ー城　ー人　ー税
ー団　ー地　ー長　ー店　ー道　ー費　ー日　ー部
ー湾

[平板型]

ー色　ー家　ー科　ー化　ー画　ー顔　ー型　ー鏡
ー教　ー狂　ー語　ー産　ー中　ー場(じょう)　ー上　ー好き　ー舟　ー帳
ー的　ー人(にん)　ー場(ば)　ー表　ー病　ー行き

[발음편]

1. ふ**く**おかの　ふ**くおかだ**いがくの　に**ほんごが**っかの　が**くせいで**す。
2. み**やざ**きしの　み**やざ**き　こ**うりつだ**いがくからの　こ**うかんりゅうが**くせいです。
3. し**まね**けんの　**し**まね　け**んりつだ**いがくで　べ**んきょうして**　います。
4. はぎしの　**は**ぎ　こ**くさいだ**いがくから　け**んしゅ**うだんが　きました。

5. うちの　だいがくは　おおいたの　にほん　ぶんりだいがくと　しまいこうです。
6. ウルサンの　ウルサンだいがくに　ざいがくちゅうの　がくせいです。
7. あそびあいても　はなしあいても　あいてに　して　くれない。
8. わるあそびを　おぼえて　ゆうじょと　ひあそびに　おぼれた。
9. よそものを　とのさまあつかいに　みせかけて　ままこあつかいする。
10. あぶらは　ようちゅういだが、　なたねあぶらと　ごまあぶらは けんこうにいい。
11. いしきの　ひくい　ろうどうしゃに　きぎょういしきと　しょくぎょういしきを　おしえる。
12. ほんかくてきな　うんどうの　まえに　きんにくうんどうと　じゅんびうんどうをする。
13. せいようへ　いって　せいようおんがくの　クラシックおんがくを　けんきゅうする。
14. ぐんしゅくかいぎの　かいぎは　ほんかいぎの　まえに　ひらかれる。
15. かいしゃは　しょうけんがいしゃか　せいやくがいしゃに　しゅうしょくしたい。
16. さいきんの　かぞくは　かくかぞくで　ふようかぞくが　もんだいだ。
17. がっこうは　こうとうがっこうを　でて　しかんがっこうに　はいった。
18. ふたりの　かんけいは　さんかくかんけいに　りがいかんけいが　からんでふくざつだ。
19. いっぱいきげんで　じょうきげんの　けっこんあいての　きげんを　そこなって　ふられた。
20. こどもの　きょういくは　えいさいきょういくより　かていきょういくが　ゆうせんだ。
21. こんかいの　ぜんこくたいかいの　きろくは　しんきろくで　こうにんきろくだ。
22. ぎんこうは　ちほうぎんこうと　ちゅうおうぎんこうに　わかれて いる。
23. ひとりぐらしなので　ぜいたくな　くらしには　ほどとおい　びんぼうぐらし

だ。

24. としけいかくも　かぞくけいかくも　けいかくだけで　ぎろんだおれに　おわった。

25. ふゆは　おおゆきけいほう、　なつは　ぼうふうけいほうなどの　けいほうがひんぱんな　ちいきだ。

26. けしょうが　くずれて　あつげしょうが　うすげしょうに　なった。

27. けっこんは　れんあいけっこんで　そつぎょうまえの　がくせいけっこんだった。

28. あいことばの　ことばが　いみことばで　えんぎが　わるい。

29. そこしらずの　そこぬけさわぎで　むなさわぎが　した。

30. もちじかんの　じかんせいげんが　なくて　まちじかんが　ながく　なる。

31. しごとは　のらしごとで　ほとんど　てましごとだ。

32. しだいを　むしして　うわやくの　いいなりしだいに　うごく　かってしだいだ。

33. みじたくに　おおわらわで　たびじたくを　おろそかに　する。

34. いなかしばいや　しろうとしばいなどの　しばいを　くさしばいと　いう。

35. いくら　じまんでも　きりょうじまんや　ひとりじまんは　やめて　ほしい。

36. せけんしらずの　たかまくらは　いいが、　おんしらずは　けしからん。

37. しゅみも　かいしないのに　ろあくしゅみに　のぞきしゅみが　ある。

38. しょたいもちと　いっても　よりあいじょたいの　きたならしい　おとこじょたいだ。

39. どうせ　じんせいは　かりずまいだから　しゃくやずまいでも　かまわない。

40. じかんがいてあてを　おうきゅうてあてして　くれた　ひとに　てあてとしてやった。

41. とうふは　こうやどうふを　やきどうふに　して　たべた。

42. おもいどおりに　いかなかった　めぬきどおりの　こうじも　くぶどおり　おわった。

43. きどうらくと　くいどうらくだけの　どうらくむすこと　かんどうした。

44. ばくふは　かまくらばくふ、　むろまちばくふ、　えどばくふの　じゅんばんだ。

45. ばんぐみは　おびばんぐみの　きょうようばんぐみに　かんしんが ある。

46. あそびはんぶんだと　おもしろはんぶんに　いうから　はなしはんぶんに　きいて　おこう。

47. こはるびよりの　じきに　きちがいびよりで　こうらくびよりが　めちゃくちゃになった。

48. はつぶたいが　ひのきぶたいで　みに　あまる　ぶたいだ。

49. ふとんは　しきぶとんは　なく　かしぶとんの　かけぶとんだけだ。

50. まいにち　しだしやから　しだしべんとうを　とる　こしべんとうの くらしだ。

51. ぼうずが　ちゃぼうずの　せいかつを　みっかで　やめて みっかぼうずになった。

52. ほうちょうは　でばぼうちょうの　あと　さしみぼうちょうで　てぎわよく　さばいた。

53. あとどりむすこの　ひとりむすこが どらむすこで あたまが いたい。

54. だてめがねを　かけて　ひとを　いろめがねで　みる　どうらくものだ。

55. やしきは　ぶけやしきのように　りっぱだったが、　いまは　ばけものやしきのようだ。

56. ごうかな　かいせきりょうりよりも　ははの　てりょうりの　きょうどりょうりが　いい。

57. りょこうは　むせんりょこうで　ひがえりりょこうだった。

58. やくそくは　かりやくそくで　しかも　くちやくそくだった。

59. そうごうびょういんを　やめて　げかいの　かいぎょういに　なった。

60. ちゅうおうぎんこうは　ぎんこういんの　ざんぎょうてあてが　ない　ぎんこうだ。

61. なごやの　なごやえきから　なごやじょうへ　いった。

62. どうこうかいの　どうりょうと　べんきょうかいを　つくったが　べんきょうにならない。

63. はんかがいだった しょうてんがいが さびれて あんこくがいに なった。

64. ふくおかけんの はかたえきで みやざきゆきの バスに のった。

65. にほんしゃかいを　けんきゅうする　しゃかいがくの　ひつようせいが　あ

る。

66. はくぶつかんの　なかの　としょかんで　としょを　せいりして　いる。

67. こうべ　きょうとかんを　いちねんかん　じかようしゃで　おうふく　した。

68. じんせいかんと　かちかんが　ちがって　ごういりこんした。

69. げんかけいさんは　けいさんきで　やったが、　けいさんが　あわない。

70. びょうきみまいの　みまいきゃくが　おおくて　みまいが　できない。

71. かもつを　うんそうする　うんそうがいしゃの　うんそうぎょうが　しごとだ。

72. でんわきょくの　たてものが　ほうそうきょくの　べっかんと　なった。

73. そうせんきょは　ちよだくの　せんきょくで　せんきょを　した。

74. えどじだいの　じだいげきは　じだいを　こえて　おもしろい。

75. あきたの　あきたしには　あきたびじんが　おおい。

76. ぶんかのひに　ぶんかセンターで　ぶんかさいが　ひらかれる。

77. いわてけんの　いわてさんと　とちぎけんの　なんたいさんは　かたちが　ふじさんに　にて　いる。

78. こくさいけっこんの　けっこんしきの　ひろうえんに　さんかした。

79. かいぎしつの　となりの　きゅうけいしつで　こんだんかいが　ひらかれた。

80. にっかんしんぶんの　しんぶんは　しんぶんしゃの　じじょうで　きゅうかんになった。

81. けいじせきにんの　せきにんしゃは　せきにんを　ひていして　いる。

82. やきゅうの　しんぜんじあいで　にるいしゅと　ゆうげきしゅが　にるいでしょうとつした。

83. きょうとの　にじょうじょうから　ひめじの　ひめじじょうまで　にじかん　かかる。

84. かんこくで　かんこくじんと　ちゅうごくじんと　にほんじんの　こうりゅうかいが　ある。

85. じどうしゃを　かったが、　じどうしゃぜいと　しょうひぜいが　ふたんになる。

86. ぼうりょくだんを　たいじするため　じけいだんが　のりだした。

87. こうきょうだんたいの　だんたいちょうは　その　だんたいの　だいべんしゃだ。

88. きっさてんも　いんしょくてんも　きんえんくいきで　きつえんしゃの　たつせがない。

89. きしどうと ぶしどうの きょうつうてんと そういてんを しらべた。

90. はいかを　しゅうりする　しゅうりひより　しんちくの　こうじひが やすい。

91. はだいろが　たまごいろで　みりょくてきな　はだだ。

92. おんがくを　せんもんして　おんがくかを　めざしたが、　まんがかに　なった。

93. にほんごかで　にほんごがくを　べんきょうして　にほんごの きょういくかになった。

94. さんぎょうこうていは　きかいかしたが、　きかいの　そうさが　むずかしい。

95. ふうけいが　すきで　にほんがの　なかで　ふうけいがを　かった。

96. かりる　ときの　えびすがお　かえす　ときの　えんまがおと　かんじょうがかおに　あらわれる。

97. せいかくと　けつえきがたとの　そうかんかんけいは　うるさがたの　かんしんじだ。

98. ぼうえんきょうと　けんびきょうを　もって　こんちゅうを　かんさつする。

99. キリストきょうの　しんじゃと　イスラムきょうの　しんとが　しゅうきょうふんそうを　おこした。

100. どくしょきょうが　ダンスを　ならって　ダンスきょうに　なった。

101. ぶつりけいの　がっかに　はいって　ぶつりの　りろんや　たいようけいをべんきょうしたい。

102. にほんごは　かんこくごと　ごじゅんが　にて　いて　かんこくじん　にゆうりだ。

103. ちゅうごくで　とれた　ちゅうごくさんが　ゆにゅうされて　こくないさんがきえた。

104. せかいじゅうの　わかものたちが　せかいの　へいわを　さけんで　い

る。

105. うんどうじょうに　すいえいじょうを　つくって　すいえいせんしゅたちが　よろこんだ。

106. ぎじゅつじょうの　もんだいは　ないが、ぎじゅつの　せつめいが　むずかしい。

107. きれいな　じょせいほど　きれいずきで　はでずきが　おおいようだ。

108. せっきょくせいより　かくじつせいと　かのうせいが　たかく　かわれた。

109. りょかくせんより　かもつせんか　ゆそうせんが　しゅうしが　あう。

110. とうかいどうせんは　かいがんせんに　そって　にしへ　はしる。

111. かいへいたいの　ぐんがくたいで　しきしゃを　つとめた。

112. あっとうてきな　ふんいきが　いちばん　いんしょうてきだった。

113. けんぶつにんは　あんないにんの　あんないに　したがって　こうえんじょうへ　はいった。

114. ここが　しょうねんばと　いうべき　しごとばが　しゅらばに　なった。

115. せいせきひょうを　みて　せいせきこうじょうの　ための　にっていひょうをつくった。

116. くうきおせんに　よる　でんせんびょうが　はやって　ちゅういを ようする。

117. こどもむきの　おとぎばなしが　がくしゅうに　あつらえむきだ。

118. ながのけんの　あさまやまと　ふくしまけんの　あだたらやまは かっかざんだ。

119. よそゆきに　きかえて　がいこくゆきの　ひこうきに　のった。

120. じかようの　じどうしゃを　かもつの　うんぱんように　きりかえた。

합성어의 악센트

[본문편]

1. 福岡の　福岡大学の　日本語学科の　学生です。
2. 宮崎市の　宮崎　公立大学からの　交換留学生です。
3. 島根県の　島根 県立大学で 勉強して います。
4. 萩市の　萩　国際大学から 研修団が　来ました。
5. うちの　大学は　大分の　日本　文理大学と　姉妹校です。
6. 蔚山の 蔚山大学に 在学中の 学生です。
7. 遊び相手も 話し相手も 相手に して くれない。
8. 悪遊びを 覚えて 遊女と 火遊びに おぼれた。
9. 余所者を 殿様扱いに 見せかけて 継子扱いする。
10. 油は 要注意だが、 菜種油と 胡麻油は 健康に いい。
11. 意識の 低い 労働者に 企業意識と 職業意識を 教える。
12. 本格的な 運動の 前に 筋肉運動と 準備運動を する。
13. 西洋へ 行って 西洋音楽の クラシック音楽を 研究する。
14. 軍縮会議の 会議は 本会議の 前に 開かれる。
15. 会社は 証券会社か 製薬会社に 就職したい。
16. 最近の 家族は 核家族で 扶養家族が 問題だ。
17. 学校は 高等学校を 出て 士官学校に 入った。
18. 二人の 関係は 三角関係に 利害関係が 絡んで 複雑だ。
19. 一杯機嫌で 上機嫌の 結婚相手の 機嫌を 損なって 振られた。
20. 子供の 教育は 英才教育より 家庭教育が 優先だ。
21. 今回の 全国大会の 記録は 新記録で 公認記録だ。
22. 銀行は 地方銀行と 中央銀行に 分かれて いる。
23. 独り暮らしなので 贅沢な 暮らしには 程遠い 貧乏暮らしだ。
24. 都市計画も 家族計画も 計画だけで 議論倒れに 終わった。
25. 冬は 大雪警報、夏は 暴風警報などの 警報が 頻繁な 地域だ。

26. 化粧が 崩れて 厚化粧が 薄化粧に なった。
27. 結婚は 恋愛結婚で 卒業前の 学生結婚だった。
28. 合い言葉の 言葉が 忌み言葉で 縁起が 悪い。
29. 底知らずの 底抜け騒ぎで 胸騒ぎが した。
30. 持ち時間の 時間制限が なくて 待ち時間が 長く なる。
31. 仕事は 野良仕事で ほとんど 手間仕事だ。
32. 次第を 無視して 上役の 言いなり次第に 動く 勝手次第だ。
33. 身支度に 大童で 旅支度を 疎かに する。
34. 田舎芝居や 素人芝居などの 芝居を 草芝居と いう。
35. いくら 自慢でも 器量自慢や 独り自慢は 止めて ほしい。
36. 世間知らずの 高枕は いいが、 恩知らずは けしからん。
37. 趣味も 解しないのに 露悪趣味に 覗き趣味が ある。
38. 所帯持ちと 言っても 寄合所帯の 汚らしい 男所帯だ。
39. どうせ 人生は 仮住まいだから 借家住まいでも かまわない。
40. 時間外手当てを 応急手当てして くれた 人に 手当てとして やった。
41. 豆腐は 高野豆腐を 焼き豆腐に して 食べた。
42. 思い通りに いかなかった 目抜通りの 工事も 九分通り 終わった。
43. 着道楽と 食い道楽だけの 道楽息子と 勘当した。
44. 幕府は 鎌倉幕府、 室町幕府、 江戸幕府の 順番だ。
45. 番組は 帯番組の 教養番組に 関心が ある。
46. 遊び半分だと 面白半分に 言うから 話半分に 聞いて おこう。
47. 小春日和の 時期に 気違い日和で 行楽日和が めちゃくちゃになった。
48. 初舞台が 桧舞台で 身に 余る 舞台だ。
49. 布団は 敷き布団は なく 貸し布団の 掛け布団だけだ。
50. 毎日 仕出し屋から 仕出し弁当を 取る 腰弁当の 暮らしだ。
51. 坊主が 茶坊主の 生活を 三日で 止めて 三日坊主に なった。
52. 包丁は 出刃包丁の あと 刺身庖丁で 手際よく さばいた。
53. 後取り息子の 独り息子が どら息子で 頭が 痛い。
54. 伊達眼鏡を 掛けて 人を 色眼鏡で 見る 道楽者だ。

55. 屋敷は 武家屋敷のように 立派だったが、 今は 化け物屋敷のようだ。

56. 豪華な 会席料理よりも 母の 手料理の 郷土料理が いい。

57. 旅行は 無銭旅行で 日帰り旅行だった。

58. 約束は 仮約束で しかも 口約束だった。

59. 総合病院を 止めて 外科医の 開業医に なった。

60. 中央銀行は 銀行員の 残業手当てが ない 銀行だ。

61. 名古屋の 名古屋駅から 名古屋城へ 行った。

62. 同好会の 同僚と 勉強会を 作ったが 勉強に ならない。

63. 繁華街だった 商店街が 寂れて 暗黒街に なった。

64. 福岡県の 博多駅で 宮崎行きの バスに 乗った。

65. 日本社会を 研究する 社会学の 必要性が ある。

66. 博物館の 中の 図書館で 図書を 整理して いる。

67. 神戸 京都間を 一年間 自家用車で 往復した。

68. 人生観と 価値観が 違って 合意離婚した。

69. 原価計算は 計算機で やったが、計算が 合わない。

70. 病気見舞いの 見舞い客が 多くて 見舞いが できない。

71. 貨物を 運送する 運送会社の 運送業が 仕事だ。

72. 電話局の 建物が 放送局の 別館と なった。

73. 総選挙は 千代田区の 選挙区で 選挙を した。

74. 江戸時代の 時代劇は 時代を 越えて 面白い。

75. 秋田の 秋田市には 秋田美人が 多い。

76. 文化の日に 文化センターで 文化祭が 開かれる。

77. 岩手県の 岩手山と 栃木県の 男体山は 形が 富士山に 似て いる。

78. 国際結婚の 結婚式の 披露宴に 参加した。

79. 会議室の 隣の 休憩室で 懇談会が 開かれた。

80. 日刊新聞の 新聞は 新聞社の 事情で 休刊に なった。

81. 刑事責任の 責任者は 責任を 否定して いる。

82. 野球の 親善試合で 二塁手と 遊撃手が 二塁で 衝突した。

83. 京都の 二条城から 姫路の 姫路城まで 2時間 掛かる。

84. 韓国で 韓国人と 中国人と 日本人の 交流会が ある。
85. 自動車を 買ったが、 自動車税と 消費税が 負担に なる。
86. 暴力団を 退治するため 自警団が 乗り出した。
87. 公共団体の 団体長は その 団体の 代弁者だ。
88. 喫茶店も 飲食店も 禁煙区域で 喫煙者の 立つ瀬が ない。
89. 騎士道と 武士道の 共通点と 相違点を 調べた。
90. 廃家を 修理する 修理費より 新築の 工事費が 安い。
91. 肌色が 卵色で 魅力的な 肌だ。
92. 音楽を 専門して 音楽家を 目指したが、 漫画家に なった。
93. 日本語科で 日本語学を 勉強して 日本語の 教育家に なった。
94. 産業工程は 機械化したが、 機械の 操作が 難しい。
95. 風景が 好きで 日本画の なかで 風景画を 買った。
96. 借りる 時の 恵比寿顔 返す 時の 閻魔顔と 感情が 顔に 表れる。
97. 性格と 血液型との 相関関係は うるさ型の 関心事だ。
98. 望遠鏡と 顕微鏡を 持って 昆虫を 観察する。
99. キリスト教の 信者と イスラム教の 信徒が 宗教紛争を 起した。
100. 読書狂が ダンスを 習って ダンス狂に なった。
101. 物理系の 学科に 入って 物理の 理論や 太陽系を 勉強したい。
102. 日本語は 韓国語と 語順が 似て いて 韓国人に 有利だ。
103. 中国で 取れた 中国産が 輸入されて 国内産が 消えた。
104. 世界中の 若者たちが 世界の 平和を 叫んで いる。
105. 運動場に 水泳場を 作って 水泳選手たちが 喜んだ。
106. 技術上の 問題は ないが、 技術の 説明が 難しい。
107. 綺麗な 女性ほど 綺麗好きで 派手好きが 多いようだ。
108. 積極性より 確実性と 可能性が 高く 買われた。
109. 旅客船より 貨物船か 油槽船が 収支が 合う。
110. 東海道線は 海岸線に 沿って 西へ 走る。
111. 海兵隊の 軍楽隊で 指揮者を 努めた。
112. 圧倒的な 雰囲気が 一番 印象的だった。

113. 見物人は 案内人の 案内に 従って 公演場へ 入った。
114. ここが 正念場と いうべき 仕事場が 修羅場に なった。
115. 成績表を 見て 成績向上の ための 日程表を 作った。
116. 空気汚染に よる 伝染病が 流行って 注意を 要する。
117. 子供向きの おとぎ話が 学習に 誂え向きだ。
118. 長野県の 浅間山と 福島県の 安達太良山は 活火山だ。
119. 余所行きに 着替えて 外国行きの 飛行機に 乗った。
120. 自家用の 自動車を 貨物の 運搬用に 切り替えた。

VII 四字熟語의 악센트

일본어의 四字熟語의 경우는 예로부터 하나의 자립어로 인식되고 사용되어져 왔기 때문에, 반드시 복합어의 규칙을 따르지는 않으므로, 생활에 많이 쓰이는 四字熟語는 하나의 단어로 발음에 익숙해지도록 한다. 특히 모든 한자 발음에서 유의해야할 사항이지만, 특히 여기서는 악센트뿐만 아니라 한자 발음의 리듬에 유의하여 연습하면 좋겠다.

[발음편]

1. こうぎは　アイマイモコとして　さっぱり　わからない。
2. きょうごうを　あいてに　アクセンクトウの　すえに　やっと　かった。
3. だいばくはつで　あたりは　アビキョウカンの　ちまたと　かした。
4. しんせいひんの　かいはつの　ため　アンチュウモサクの　ひびが　つづいた。
5. どりょくの　かいが　なくて　イキショウチンして　いる。
6. さけの　せきでの　イキトウゴウは　おぼつかない　ものだ。
7. ゆうしょうした　せんしゅたちは　イキヨウヨウと　がいせんした。
8. せいかつ　しゅうかんびょうは　イショクドウゲンを　こころがけないからだ。
9. みんなが　イシンデンシンで　はたらくので　こうりつが　よい。
10. けいざいはってんは　イチイタイスイの　りんごくとの　きょうりょくが　ふかけつだ。
11. ごうかくつうちを　イチジツセンシュウの　おもいで　まって　いる。

12. とうぞくだんを　イチモウダジンに　しようと　ちえを　しぼった。

13. せんもんかが　みれば　ほんものか　にせものか　イチモクリョウゼンだ。

14. イッカクセンキンの　ゆめを　かなえる　ために　せいぶに　おもむいた。

15. かんとくの　イッキョイチドウが　せけんの　じもくを　あつめて　いる。

16. はばつあらそいは　イッショクソクハツの　じたいに　おちいった。

17. かぞく　ぜんいんが　イッシンドウタイに　なって　さいなんを　のりこえた。

18. よくを　かいて　イッセキニチョウを　ねらって　いると　きたならしく　みえる。

19. ぜんいんで　イッチダンケツして　この　くきょうを　のりきろう。

20. せいかつしゅうかんを　イッチョウイッセキに　かえるのは　むりだ。

21. きかくは　イッチョウイッタンで　これと　いう　きめてに　かけて　いる。

22. なにも　いわないで　イミシンチョウな　えがおを　みせた。

23. こまった　ときに　たすけて　もらえなかったのは　インガオウホウだ。

24. ここまで　インニンジチョウしたが　もはや　げんかいに　たっした。

25. はらを　すえて　いれば　ウオウサオウしなくて　すむ。

26. やくいんの　せんしゅつは　ウヨキョクセツの　すえに　ぜんにんしゃのりゅうにんと　なった。

27. いくら　エシャジョウリとは　いえ　やはり　りべつは　つらい　ものだ。

28. オンコチシンの　せいしんで　れきしや　こてんを　まなぶ。

29. ガイコウジレイは　ぬきに　して　はらを　わって　はなしあいたい。

30. ガシンショウタン　じゅうねんの　すえに　さいきに　せいこうした。

31. ガデンインスイの　ぎろんばかりでは　けつまつが　つかない。

32. かていは　よかったが、　ガリュウテンセイを　かく　ミスを　おかした。

33. かんらんしゃは　カンガイムリョウな　おももちで　せきを　たった。

34. むかしから　カンコンソウサイには　ろくようで　さわりの　ない　ひを　えらんだ。

35. ぎじゅつてきに　ひの　うちどころの　ない　カンゼンムケツの　さくひんだ。

36. キキイッパツで　ひがいを　さいしょうげんに　くいとめられた。

37. いまや　キキュウソンボウの　しょうねんばを　むかえて　いる。

38. しんせいひんの　おおうりだしで　キシカイセイを　はかって　いる。

39. いっぱんの　じょうしきを　くつがえす　キソウテンガイな　アイデアだ。

40. キドアイラクを　つらに　ださない、　つめたい　ひとだ。

41. しぜんや　どうぶつと　きょうそんきょうえいの　みちを　もさくすべきだ。

42. いくら　しにせでも　キュウタイイゼンな　やりかたでは　だめだ。

43. れきしの　こぼればなしを　キョウミシンシンに　ききいって　いる。

44. がいこうでも　キョキョジツジツの　かけひきが　かかせない。

45. キョクジツショウテンの　いきおいだったが　いまは　みるかげも　なく　れいらくした。

46. しょたいめんでも　キョシンタンカイに　はなすので　おおくの　ひとに　したわれる。

47. よやとうが　あらそう　すきに　むしょぞくが　ギョフノリを　さらった。

48. せかいには　ケンボウジュッスウに　たけた　ひとが　うじゃうじゃしている。

49. ここまで　きて　まだ　しらを　きるとは　コウガンムチも　はなはだしい。

50. コウトウムケイな　はなしでも　うまく　いいつくろう　ひとだ。

51. あとは　コウヘイムシな　あいていが　おりる　ことを　ねがうだけだ。

52. よなかまで　コウロンオツバクだけで　とうろんは　まとまらなかった。

53. しきんは　コウメイセイダイに　うんようして　いるから　うしろめたさが　ない。

54. コグンフントウするも　およばず　じたいは　あっかの　いっとを　たどった。

55. だいじんは　コシタンタンと　じきの　そうりざを　ねらって　いる。

56. うらどおりには　さびれはてて　コショクソウゼンとした　まちなみが　あらわれた。

57. じょうしや　どうりょうからも　みはなされ　こりつむえんの　じょうたいだ。

58. はんにんの　ゆくえは　ごりむちゅうで　なんの　てがかりも　ない。

59. じぶんの　しっぱいを　ひとに　しりぬぐいさせるとは　ごんごどうだんだ。

60. ちいきの じゅうみんたちは けわしい ひょうじょうで さんさんごごと あつまって きた。
61. しんぜんびの さんみいったいが ととのった びじんだ。
62. とくいげに じがじさんするけど はんのうは まあまあだった。
63. じかどうちゃくに おちいって げんどうに いっかんせいが なくなった。
64. そつぎょうしたばかりで けっこんは じきしょうそうだと しかられた。
65. この よは しきそくぜくうと さとれば なやみも きえるだろう。
66. かていさいえんで やさいだけは じきゅうじそくできる。
67. ながねんの しこうさくごの すえに かんせいさせた ろうさくだ。
68. ふわたりは じごうじとくとは いえ かぞくを ろとうに まよわせるのは つらい。
69. じじこくこくと へんかする じょうせいを てっかくに とらえるべきだ。
70. じじつむこんの うわさを たてて じんしんを まどわして いる。
71. あまり こまかい きそくで じじょうじばくに おちいった。
72. しゅふだけの かじとは じだいさくごの かんがえだ。
73. しちてんはっきの せいしんで なんきょくに たちむかって きた。
74. しつぎおうとうの じかんに なっても ひっそりして いる。
75. こくすいしゅぎてきな はつげんで がいこうは はっぽうふさがりの しめんそかだ。
76. じゃくにくきょうしょくの しゃかいを いきぬくには かっこたる しんねんをようする。
77. じゅうおうむじんの ひっちで ちょめいじんの きょぎを あばいた。
78. さんかこくごを じゆうじざいに はなせるのが もくひょうだ。
79. とおりいっぺんの きょういくでは じゅうにんといろの こせいを いかせない。
80. クラブかつどうで じゅぎょうを ほったらかすなんて しゅかくてんとうも はなはだしい。
81. あふれでる じょうほうは しゅしゃせんたくを するのが たいせつだ。
82. しゅびいっかんしない しゅちょうで ふしんかんを いだかれた。

83. しょうじゃひっすいは よの ならいで ついに こじきに なりさがった。
84. しりしよくに めが くらんで きみつを がいぶに もらした。
85. こんかいの ふしょうじは しりょふんべつを もった おとなの こういとはおもえない。
86. しんきいってん ふるいたって ゆうしゅうの びを かざった。
87. のるか そるかの しんけんしょうぶを いどんで せいこうした。
88. しんぞうまひで じんじふせいのまま きゅうきゅうしゃで びょういんに はこばれた。
89. しんしゅつきぼつの にんじゃが いつ あらわれるか みな びくびくしている。
90. なんでも しんしょうぼうだいに ふいちょうするから わりびいて きこう。
91. ぜんしんも こうたいも できず しんたいりょうなんと なった。
92. せいしんせいいを もって はなせば どんなに かたくなでも わかってもらえるだろう。
93. ふりでも わるびれずに せいせいどうどうと たたかう つもりだ。
94. はげしい せいぞんきょうそうに いきのこるために みを けずる くろうをした。
95. はんにんは せいとうぼうえいを しゅちょうするが、 ありえない ことだ。
96. へやの せいりせいとんは いつも ははの やくめだ。
97. こうむいんは ししんが なく せいれんけっぱくを しんじょうと すべきだ。
98. さらに ぎろんを かさねて ぜぜひひを あきらかに したい。
99. がいこくごの べんきょうは たがいに せっさたくますするのが たいせつだ。
100. しきんぐりに つまって ぜったいぜつめいの きゅうちに おいこまれた。
101. せんぐんばんばの ふるつわものを えて あんていした せんりょくとなった。
102. いまこそ かねてからの ねんがんが じつげんできる せんざいいちぐうの こうきだ。

103. がいこくごの　できは　せんさばんべつで　いちがいには　いえない。

104. せんせいの　かみなりを　おそれて　がくせいたちは　せんせんきょうきょうして　いる。

105. ことしは　ぜんだいみもんの　ちんじが　つぎつぎと　おこった。

106. ぜんちぜんのうの　かみで　ないかぎり　ひとりでは　ふかのうだ。

107. おうぼした　さくひんは　せんぺんいちりつで　にたり　よったりだった。

108. けいだいには　ぜんなんぜんにょが　あつまって　ねんぶつを　となえている。

109. はんばいは　そくせんそっけつの　やりかたなので　りはばの　なみがはげしい。

110. おこごとだけで　そっせんすいはんしないと　しめしが　つかない。

111. こどもは　たいきばんせいと　きたいして　のびのびと　そだてる　ものだ。

112. たいほされたのは　わずか　ひとり、　たいざんめいどうの　ねずみいっぴきか。

113. ぜんいんが　あんを　だしたが、　いずれも　だいどうしょういだ。

114. びょうきで　たおれた　ともを　たざんのいしと　して　けんこうに　ばんぜんを　きす。

115. ことしは　こうし　ともに　たじたたんの　いちねんだった。

116. ふだん　ひかえめな　ひとに　たんとうちょくにゅうに　たずねられて　たじろいだ。

117. ちょうれいぼかいの　せいさくで　しょみんにまで　そっぽを　むかれた。

118. じんじは　じんざいを　てきざいてきしょに　はいちするのが　だいじだ。

119. よこづなは　たちあいから　てっとうてつび　こうげきを　かけた。

120. しあいかいしそうそう、　でんこうせっかの　そっこうで　せんせいてんをうばった。

121. どうぶつの　いじょうな　こうどうは　てんさいちへんの　まえぶれと　いわれる。

122. てんしんらんまんの　こどもを　みると　こころが　あらわれるようだ。

123. おなじ　たちばに　いても　どうしょういむは　さけられない。

124. とうほんせいそうして かいけつに あたったが けっきょく むだぼねおりだった。

125. ないゆうがいかん こもごも いたって くにが なんきょくに ほうちゃくした。

126. まんじょうの ちょうしゅうは おしみない はくしゅかっさいを おくった。

127. ちゅうこくは どうせ ばじとうふうで みみを かたむけようと しないだろう。

128. はっぽうびじんは かおが ひろい わりには しんゆうが すくない。

129. せきにんを はたせるか どうか はんしんはんぎの たいどだ。

130. ありきたりな びじれいくより こころの こもった ひとことが ほしい。

131. れいぎただしくて ひんこうほうせいな こうせいねんと いう ひょうばんだ。

132. じあげやに ふわらいどうして はさんの うきめに あった。

133. しゅういの めいわくを かえりみない ぼうじゃくぶじんの わかものがふえて きた。

134. みんなの しっぱいだんに ほうふくぜっとうし、 きぶんてんかんが できた。

135. しけんの ための べんきょうとは ほんまつてんとうも はなはだしい。

136. かんきょうほごの ほうあんは まんじょういっちで かけつされた。

137. れんぱいで しゅいの ざを みっかてんかで あけわたした。

138. うるおいの ない むみかんそうな くらしを やめて ならいごとを はじめた。

139. こうげきだけが いちかばちかの ゆいいつむにの さくせんだ。

140. いつも ゆうじゅうふだんな たいどを とると しゅういの ふしんを まねく。

141. かたがきは りっぱだが じっけんは ない ゆうめいむじつの そんざいだ。

142. ていねんごは いなかで ゆうゆうじてきの せいかつを おくる つもりだ。

143. しごとに　いってんの　てぬかりも　ない　ようぃしゅうとうな　ひとだ。

144. とおりまに　よる　ほうかは　よっきゅうふまんが　げんいんだ。

145. おおぜいの　ほうどうじんに　かこまれても　えがおで　よゆうしゃくしゃくだ。

146. りゅうげんひごに　まどわされて　げんじつを　はんだんするのは　そうけいに　すぎる。

147. けっかは　ちんぷな　りゅうとうだびで　がっかりした。

148. りんきおうへんに　しょちして　くれた　ために　ことなきを　えた。

149. よせあつめの　チームが　はちくの　いきおいで　れんせんれんしょうした。

150. アットホームな　ふんいきで　わきあいあいと　した　あつまりだった。

四字熟語의 악센트

[본문편]

1. 講義は 曖昧模糊として さっぱり 分からない。
2. 強豪を 相手に 悪戦苦闘の 末に やっと 勝った。
3. 大爆発で 辺りは 阿鼻叫喚の 巷と 化した。
4. 新製品の 開発の ため 暗中模索の 日々が 続いた。
5. 努力の 甲斐が なくて 意気消沈して いる。
6. 酒の 席での 意気投合は おぼつかない ものだ。
7. 優勝した 選手たちは 意気揚揚と 凱旋した。
8. 生活 習慣病は 医食同源を 心掛けないからだ、
9. 皆が 以心伝心で 働くので 効率が よい。
10. 経済発展は 一衣帯水の 燐国との 協力が 不可欠だ。
11. 合格通知を 一日千秋の 思いで 待って いる。
12. 盗賊団を 一網打尽に しようと 知恵を 絞った。
13. 専門家が 見れば 本物か 偽物か 一目瞭然だ。
14. 一攫千金の 夢を 適える ために 西部に 赴いた。
15. 監督の 一挙一動が 世間の 耳目を 集めて いる。
16. 派閥争いは 一触即発の 事態に 陥った。
17. 家族 全員が 一心同体に なって 災難を 乗り越えた。
18. 欲を 掻いて 一石二鳥を 狙って いると 汚らしく 見る。
19. 全員で 一致団結して この 苦境を 乗りきろう。
20. 生活習慣を 一朝一夕には 変えるのは 無理だ。
21. 企画は 一長一短で これと いう 決め手に 欠けて いる。
22. 何も 言わないで 意味深長な 笑顔を 見せた。
23. 困った 時に 助けて もらえなかったのは 因果応報だ。
24. ここまで 隠忍自重したが もはや 限界に 達した。
25. 腹を 据えて いれば 右往左往しなくて 済む。

26. 役員の 選出は 紆余曲折の 末に 前任者の 留任と なった。
27. いくら 会者定離とは いえ やはり 離別は つらい ものだ。
28. 温故知新の 精神で 歴史や 古典を 学ぶ。
29. 外交辞令は 抜きに して 腹を 割って 話し合いたい。
30. 臥薪嘗胆 10年の 末に 再起に 成功した。
31. 我田引水の 議論ばかりでは 結末が 付かない。
32. 過程は よかったが、画竜点睛を 欠く ミスを 犯した。
33. 観覧者は 感慨無量な 面持ちで 席を 立った。
34. 昔から 冠婚葬祭には 六曜で 障りの ない 日を 選んだ。
35. 技術的に 非の 打ち所の ない 完全無欠の 作品だ。
36. 危機一髪で 被害を 最小限に 食い止められた。
37. 今や 危急存亡の 正念場を 迎えて いる。
38. 新製品の 大売り出しで 起死回生を 図って いる。
39. 一般の 常識を 覆す 奇想天外な アイデアだ。
40. 喜怒哀楽を 面に 出さない、冷たい 人だ。
41. 自然や 動物と 共存共栄の 道を 模索すべきだ。
42. いくら 老舗でも 旧態依然な やり方では だめだ。
43. 歴史の こぼれ話を 興味津津に 聞き入って いる。
44. 外交でも 虚虚実実の 駆け引きが 欠かせない。
45. 旭日昇天の 勢いだったが 今は 見る影も なく 零落した。
46. 初対面でも 虚心坦懐に 話すので 多くの 人に 慕われる。
47. 与野党が 争う 隙に 無所属が 漁夫之利を さらった。
48. 政界には 権謀術数に たけた 人が うじゃうじゃして いる。
49. ここまで きて まだ 白を 切るとは 厚顔無恥も 甚だしい。
50. 荒唐無稽な 話でも うまく 言い繕う 人だ。
51. 後は 公平無私な 裁定が 下りる ことを 願うだけだ。
52. 夜中まで 甲論乙駁だけで 討論は まとまらなかった。
53. 資金は 公明正大に 運用して いるから 後ろめたさが ない。
54. 孤軍奮闘するも 及ばず 事態は 悪化の 一途を たどった。

55. 大臣は 虎視眈眈と 次期の 総理座を 狙って いる。
56. 裏通りには 寂れ果てて 古色蒼然とした 街並みが 現れた。
57. 上司や 同僚からも 見放され 孤立無援の 状態だ。
58. 犯人の 行方は 五里霧中で 何の 手掛かりも ない。
59. 自分の 失敗を 人に 尻拭いさせるとは 言語道断だ。
60. 地域の 住民たちは 険しい 表情で 三三五五と 集まって 来た。
61. 真善美の 三位一体が 整った 美人だ。
62. 得意気に 自画自賛するけど 反応は まあまあだった。
63. 自家撞着に 陥って 言動に 一貫性が なくなった。
64. 卒業したばかりで 結婚は 時期尚早だと 叱られた。
65. この 世は 色即是空と 悟れば 悩みも 消えるだろう。
66. 家庭菜園で 野菜だけは 自給自足できる。
67. 長年の 試行錯誤の 末に 完成させた 労作だ。
68. 不渡りは 自業自得とは いえ 家族を 路頭に 迷わせるのは つらい。
69. 時々刻々と 変化する 情勢を 的確に 捕えるべきだ。
70. 事実無根の 噂を 立てて 人心を 惑わして いる.
71. あまり 細かい 規則で 自縄自縛に 陥った。
72. 主婦だけの 家事とは 時代錯誤の 考えだ。
73. 七転八起の 精神で 難局に 立ち向かって 来た。
74. 質疑応答の 時間に なっても ひっそりして いる。
75. 国粋主義的な 発言で 外交は 八方塞がりの 四面楚歌だ。
76. 弱肉強食の 社会を 生き抜くには 確固たる 信念を 要する。
77. 縦横無尽の 筆致で 著名人の 虚偽を 暴いた。
78. 三か国語を 自由自在に 話せるのが 目標だ。
79. 通り一遍の 教育では 十人十色の 個性を 生かせない。
80. クラブ活動で 授業を ほったらかすなんて 主客転倒も 甚だしい。
81. あふれでる 情報は 取捨選択を するのが 大切だ。
82. 首尾一貫しない 主張で 不信感を 抱かれた。
83. 盛者必衰は 世の 習いで ついに 乞食に 成り下がった。

84. 私利私欲に 目が 眩んで 機密を 外部に 漏らした。
85. 今回の 不祥事は 思慮分別を 持った 大人の 行為とは 思えない。
86. 心機一転 奮い起って 有終の 美を 飾った。
87. 伸るか 反るかの 真剣勝負を 挑んで 成功した。
88. 心臓麻痺で 人事不省のまま 救急車で 病院に 運ばれた。
89. 神出鬼没の 忍者が いつ 現れるか 皆 びくびくして いる。
90. 何でも 針小棒大に 吹聴するから 割り引いて 聞こう。
91. 前進も 後退も できず 進退両難と なった。
92. 誠心誠意を もって 話せば どんなに かたくなでも 分かって もらえるだろう。
93. 不利でも 悪びれずに 正正堂堂と 戦う つもりだ。
94. 激しい 生存競争に 生き残るために 身を 削る 苦労を した。
95. 犯人は 正当防衛を 主張するが、ありえない ことだ。
96. 部屋の 整理整頓は いつも 母の 役目だ。
97. 公務員は 私心が なく 清廉潔白を 信条と すべきだ。
98. さらに 議論を 重ねて 是是非非を 明らかに したい。
99. 外国語の 勉強は 互いに 切磋琢磨するのが 大切だ。
100. 資金繰りに 詰まって 絶体絶命の 窮地に 追い込まれた。
101. 千軍万馬の 古強者を 得て 安定した 戦力と なった。
102. 今こそ かねてからの 念願が 実現できる 千載一遇の 好機だ。
103. 外国語の できは 千差万別で 一概には 言えない。
104. 先生の 雷を 恐れて 学生たちは 戦戦兢兢して いる。
105. 今年は 前代未聞の 珍事が 次々と 起った。
106. 全知全能の 神で ないかぎり 一人では 不可能だ。
107. 応募した 作品は 千篇一律で 似たり 寄ったりだった。
108. 境内には 善男善女が 集まって 念仏を 唱えて いる。
109. 販売は 速戦即決の やり方なので 利幅の 波が 激しい。
110. お小言だけで 率先垂範しないと 示しが 付かない。
111. 子供は 大器晩成と 期待して のびのびと 育てる ものだ。

112. 逮捕されたのは わずか 一人、泰山鳴動の 鼠一匹か。
113. 全員が 案を 出したが、いずれも 大同小異だ。
114. 病気で 倒れた 友を 他山之石として 健康に 万全を 期す。
115. 今年は 公私 共に 多事多端の 一年だった。
116. 普段 控え目な 人に 単刀直入に 尋ねられて たじろいだ。
117. 朝令暮改の 政策で 庶民にまで そっぽを 向かれた。
118. 人事は 人材を 適材適所に 配置するのが 大事だ。
119. 横綱は 立ち会いから 徹頭徹尾 攻撃を 掛けた。
120. 試合開始早々、電光石火の 速攻で 先制点を 奪った。
121. 動物の 異常な 行動は 天災地変の 前触れと 言われる。
122. 天真爛漫の 子供を 見ると 心が 洗われる ようだ。
123. 同じ 立場に いても 同床異夢は 避けられない。
124. 東奔西走して 解決に 当たったが 結局 無駄骨折りだった。
125. 内憂外患 こもごも 至って 国が 難局に 逢着した。
126. 満場の 聴衆は 惜しみない 拍手喝采を 送った。
127. 忠告は どうせ 馬耳東風で 耳を 傾けようと しないだろう。
128. 八方美人は 顔が 広い 割りには 親友が 少ない。
129. 責任を 果たせるか どうか 半信半疑の 態度た。
130. ありきたりな 美辞麗句より 心の こもった 一言が ほしい。
131. 礼儀正しくて 品行方正な 好青年と いう 評判だ。
132. 地上げ屋に 付和雷同して 破産の 憂き目に 遭った。
133. 周囲の 迷惑を 顧みない 傍若無人の 若者が 増えて きた。
134. みんなの 失敗談に 抱腹絶倒し、気分転換が できた。
135. 試験の ための 勉強とは 本末転倒も 甚だしい。
136. 環境保護の 法案は 満場一致で 可決された。
137. 連敗で 首位の 座を 三日天下で 明け渡した。
138. 潤いの ない 無味乾燥な 暮らしを 止めて 習い事を 始めた。
139. 攻撃だけが 一か八かの 唯一無二の 作戦だ。
140. いつも 優柔不断な 態度を 取ると 周囲の 不審を 招く。

141. 肩書きは 立派だが 実権は ない 有名無実の 存在だ。

142. 定年後は 田舎で 悠々自適の 生活を 送る つもりだ。

143. 仕事に 一点の 手抜かりも ない 用意周到な 人だ。

144. 通り魔に よる 放火は 欲求不満が 原因だ。

145. 大勢の 報道陣に 囲まれても 笑顔で 余裕綽々だ。

146. 流言飛語に 惑わされて 現実を 判断するのは 早計に 過ぎる。

147. 結果は 陳腐な 竜頭蛇尾で がっかりした。

148. 臨機応変に 処置して くれた ために 事なきを 得た。

149. 寄せ集めの チームが 破竹の 勢いで 連戦連勝した。

150. アットホームな 雰囲気で 和気藹藹と した 集まりだった。

VIII 뉴스와 발음

뉴스는 우리의 실생활의 정보를 전달하는 중요한 매체다. 그런 만큼 정확한 청취 능력이 요구되는 부분이다.

뉴스의 특징은, 정보를 일방적으로 전달한다는 점, 화자의 감정이 개입되지 않은 낭독이란 점, 사회 각 분야의 다양한 전문 용어가 등장한다는 점, 한자어가 주류를 이루는 점 등을 들 수 있을 것이다. 그리고 무엇보다 빼놓을 수 없는 것이, 뉴스란 그 나라 언어의 가장 기준이 되는 표준 발음으로 이루어진다는 점이다.

표준 발음이란 부분을 제외하면, 뉴스의 특징은 실생활의 회화와는 여러 면에서 다르다는 것을 알 수 있다. 그러나 그러한 특징을 살려서 학습하면 우리의 외국어를 한층 풍부하게 해줄 뿐만 아니라, 그 사회를 파악할 수 있는 중요한 정보도 얻을 수 있다.

인명, 지명 등의 고유명사와 익숙지 않은 한자어 등이 많기 때문에 딱딱하겠지만, 그것이 뉴스의 장점이고 특징이므로 스스로 어엿한 아나운서가 된 기분으로 자신 있게 큰 소리로 낭독하고 외우면 일본어의 발음은 물론 뉴스의 청취에 크게 도움이 될 것이다.

구성은, [발음편]을 먼저 싣고, [본문편]을 뒤에 실었다. [발음편]에서는 각 어절 단위로 띄어서고 악센트를 표시하였으며, [본문편]에서는 악센트句를 살려서 발음하도록, 포즈 부분을 / 로 표시하였다.

[발음편]

1. じさつ

またなんですが、 ちばけん まつどしで ちゅうがく さんねんの だんしせいとが ビルの さんがいから、 とびおりじさつを はかり、 じゅうたいと なって おります。

この しょうねんは かしわしないの ちゅうがっこうに かよって おりまして、 げんばには「しゅうがくりょこうで いじめに あった。 りょこうに いか なければ よかった」と いう はしりがきの いしょが のこされて おりました。

また けさは ふだんどおり いえを でましたが、 がっこうには いって いなかったと いう ことです。

ざんねんですね。

[본문편]

1. 自殺

またなんですが/ 千葉県松戸市で/ 中学3年の男子生徒が/ ビルの3階から/ 飛び降り自殺を計り/ 重体となっております。

この少年は/ 柏市内の中学校に通っておりまして/ 現場には/「修学旅行で/ いじめに会った。 旅行に行かなければよかった」/ という/ 走り書きの遺書が残されておりました。

また/ 今朝は/ 普段通り家を出ましたが/ 学校には/ 行っていなかった/ ということです。

残念ですね。

2. あきす

さて、 さいきん ゆうめいじんの いえを ねらった あきすが あいついで いるんですけれども、 こんどはですね、 じょゆうの はなやま かおるさんの いえで、 ゆびわなど せん ごひゃくまんえんそうとうが ぬすまれたんです。

これは きのう、 せいようさきから かえりました、 はなやまさんが はっけんした もので、 にかいの しんしつの こものいれから ゆびわや ネックレスなど にじゅう いってん、 せん ごひゃくまんえんそうとうが ぬすまれて おりました。

けいさつで しらべた ところ、 はんにんは いっかいの だいどころのまどを やぶって しんにゅうした もので、 ゆうめいじんの じたくを ねらった どろぼうは ことし にがつごろから あいついで おり、 もと はいゆうの やました けんさんや、 かしゅの たに めぐみさんらが ひがいに あって おりまして、 どういつ はんいんに よる はんこうの うたがいも でて おります。

2. 空巣

さて/ 最近 / 有名人の家を狙った/ 空き巣が/ 相次いでいるんですけれども/ こんどはですね/ 女優の/ 花山かおるさんの家で/ 指輪など/ 1500万円相当が盗まれたんです。

これは/ きのう/ 静養先から帰りました/ 花山さんが発見したもので/ 二階の寝室の小物入れから/ 指輪や/ ネックレスなど/ 21点/ 1500万

円相当が/ 盗まれておりました。

警察で調べたところ/ 犯人は/ 一階の台所の窓を破って/ 侵入したもので/ 有名人の自宅を狙った泥棒は/ 今年２月頃から/ 相次いでおり/ もと俳優の/ 山下けんさんや/ 歌手の/ 谷恵みさんらが/ 被害にあっておりまして/ 同一犯人による/ 犯行の疑いも出ております。

3. ちかんげきたい

つぎに、 きょう みめい、 とうきょう ぶんきょうくで、 じょせいの アパートに おとこが しんにゅう、 らんぼうしようと しました。

この じょせいは にじゅう さんさいの フランスじんで、 がいこくごがっこうの きょうしを して いる カトリーヌさんです。 カトリーヌさんは ねて いましたが、 なにかの ものおとに きが つき、 とっさに ベッドわきに おいて あった ごしんようスプレーを おとこに ふきかけました。 おとこは おどろいて にげましたが、 かおなどに ついた スプレーの いろが きめてと なって、 まもなく パトロールちゅうの けいかんに つかまりました。

はんにんは まどから にげだして、 アパートの しきちないに ひそんでいましたが、 つかまった とき、 かお、 むね、 せなかが スプレーのため まっきいろに なって いた そうです。

3. 痴漢撃退

次に/ 今日未明/ 東京文京区で/ 女性のアパートに/ 男が侵入/ 乱暴しようとしました。

この女性は/ ２３歳のフランス人で/ 外国語学校の教師をしてい

る/ カトリーヌさんです。 カトリーヌさんは/ 寝ていましたが/ 何かの物音に気が付き/ とっさに/ ベッドわきに置いてあった/ 護身用スプレーを男に噴きかけました。 男は/ 驚いて逃げましたが/ 顔などについた/ スプレーの色が決め手となって/ まもなく/ パトロール中の警官に捕まりました。

犯人は/ 窓から逃げ出して/ アパートの敷地内に潜んでいましたが/ 捕まったとき/ 顔/ 胸/ 背中が/ スプレーのため/ 真っ黄色になっていたそうです。

4. ふんえん

こんげつの じゅうしちにち、 かごしまの さくらじまが おおきな ばくはつを おこしましたが、 きょうも また、かなり おおきな ばくはつが ありました。

さくらじまの ばくはつは きょう ごぜん くじすぎでした。 ふんえんは さんぜんメートル じょうくうまで ふきあがりました。 この ふんえんの なかに、 かごしまくうこうに むかって いた りょかっきが つっこみ、 フロントガラスに ちいさな きずが むすうに はいりました。

ふんえんは かぜに のって はちじゅっキロ はなれた みやざきしにまで たっしました。 さくらじまの かざんばいが みやざきしにまで たいりょうに ながれこんだのは さいきんでは めずらしく、 おもわぬ かぜの ひがいと なりました。

4. 噴煙

今月の17日/ 鹿児島の桜島が/ 大きな爆発を起しましたが/ きょうもまた/ かなり大きな爆発がありました。

桜島の爆発は/ きょう/ 午前9時過ぎでした。 噴煙は/ 3千メートル上空まで噴きあがりました。 この噴煙のなかに/ 鹿児島空港に向かっていた旅客機が突っ込み/ フロントガラスに/ 小さな傷が無数に入りました。

噴煙は/ 風に乗って/ 80キロ離れた/ 宮崎市にまで達しました。桜島の火山灰が/ 宮崎市にまで/ 大量に流れ込んだのは/ 最近ではめずらしく/ 思わぬ風の被害となりました。

5. つゆあけ

きのうの きんきから かんとうに つづいて、 きょう とうほくちほうから つゆが あけて、 にほんれっとうは なつほんばんに はいりました。

きょうの とうほくちほうは あさから まなつの ひざしが てりつけ、 ふくしま、 あおもりなど かくちで ごぜんちゅうに はやくも さんじゅうどを こえ、 せんだいかんくきしょうだいは きょう ごぜん くじ じゅっぷん、 とうほくちほうは なんぶ ほくぶとも つゆが あけたと はっぴょうしました。

とうほくちほうの つゆあけは きょねんに くらべて、 なんぶで じゅうににち おそく ほくぶで ここのか おそく なって います。 ことしの つゆは たいりくからの かんきが しばしば はいった ために、 ていおんと ひでりぶそくの ひが つづき、 いなさくの せいいくなどに えいきょうが でていましたが、 つゆあけで せいいくの おくれも しだいに かいふくできる ものと みられて います。

5. 梅雨明け

昨日の近畿から/ 関東に続いて/ 今日/ 東北地方から/ 梅雨が明けて/ 日本列島は夏本番に入りました。

今日の東北地方は/ 朝から/ 真夏の日差しが照りつけ/ 福島/ 青森など/ 各地で/ 午前中に早くも/ 30度を越え/ 仙台/ 管区気象台は/ 今日午前/ 9時10分/ 東北地方は/ 南部/ 北部とも/ 梅雨が明けたと発表しました。

東北地方の梅雨明けは/ 去年に比べて/ 南部で/ 12日遅く/ 北部で/ 9日遅くなっています。

今年の梅雨は/ 大陸からの寒気が/ しばしば入ったために/ 低温と日照り不足の日が続き/ 稲作の生育などに/ 影響が出ていましたが/ 梅雨明けで生育の遅れも/ 次第に回復できるものとみられています。

6. ほけんきんさぎ

あきたけんけいは ぎそうこうつうじこに よる おおがかりな ほけんきんさぎじけんを そうさして いますが、 この いちみの なかには もと けいさつかんの いる ことが わかりました。

この おとこは しりつだいがく にねんせいに ざいがくちゅう、 しやくしょしょくいんと きょうぼう、 じぶんの じょうようしゃを なかまの がいしゃに しょうとつさせ、 ほけんがいしゃから しゅうりひなどとして、 ごうけいひゃく ごじゅうまんえんを だましとった うたがいで、 じゅういちがつ にじゅう しちにち たいほされました。

この もと けいさつかんは このほかにも さくねん にがつ、 なかま ふたりが のった じょうようしゃに トラックを こいに しょうとつさせるなど して、 ほけんがいしゃから およそ せん にひゃくまんえんを だましとり、やまわけしていた よざいも ある ことが わかりました。

6. 保険金詐欺

秋田県警は/ 偽装交通事故による/ 大掛かりな保険金詐欺事件を/ 捜査していますが/ この一味の中には/ 元警察官のいることがわかりました。

この男は/ 私立大学２年生に在学中/ 市役所職員と共謀/ 自分の乗用車を/ 仲間の外車に衝突させ/ 保険会社から修理費などとして/ 合計/ 150万円を騙し取った疑いで/ 11月27日/ 逮捕されました。

この元警察官は/ この他にも/ 昨年２月/ 仲間二人が乗った乗用車に/ トラックを/ 故意に衝突させるなどして/ 保険会社から/ およそ1200万円を騙し取り/ 山分けしていた余罪もあることがわかりました。

7. とんこうの いせき

ちゅうごくの せっくつ「とんこう」は よんせいきから じゅうよんせいきにかけて つくられた ぶんかいさんですが、 きびしい しぜんかんきょうにさらされて きた ため、 さいきんは あちこちに いたみが めだつようになりました。 とんこうは ロマンを さそう シルクロードの れきしを つたえる きろくとして、 また げいじゅつの ほうことして たいせつに ほぞんされて きましたが、 せんねんも たちますと、 かなり きずを うけて います。

この ため にっちゅう ぶんかこうりゅうの ひとつとして、 ぶんぶつのほぞん、 しゅうふくの きょうどうさぎょうを にほんがわが よびかけましたが、 ちゅうごくがわも それに ごういを しめし、 はるには いいんかいが ほっそくする はこびと なり、 にほんがわから ちょうさだんが ちゅうごくを おとずれる ことに なりました。

7. 敦厚の遺跡

中国の石窟/ 「敦煌」は/ 4 世紀から/ 14世紀にかけて造られた/ 文化遺産ですが/ 厳しい自然環境にさらされてきたため/ 最近は/ あちこちに傷みが目立つようになりました。

敦煌は/ ロマンを誘う/ シルクロードの歴史を伝える記録として/ また/ 芸術の宝庫として/ 大切に保存されてきましたが/ 千年もたちますと/ かなり傷を受けています。

このため/ 日中文化交流の一つとして/ 文物の保存/ 修復の共同作業を日本側が/ 呼びかけましたが/ 中国側もそれに合意を示し/ 春には/ 委員会が発足する運びとなり/ 日本側から調査団が/ 中国を訪れることになりました。

8. ちほうの せんたんきぎょう

はんどうたいせいぞうを はじめと する せんたんぎじゅつ、 ハイテクかんれんきぎょうが ひとでを もとめて ぞくぞくと ちほうに しんしゅつしています。

おもに とうほくなんぶ、 しんえつ、 みなみきゅうしゅうに きぎょうがしゅうちゅうし、 これで じもとの わかい ひとたちは おやもとを はなれて とうきょうや おおさかに しゅうしょくしなくても すむ はずでした。 とこ

ろが だいとかいから とおく はなれた こうじょうでの たんちょうな さぎょうには きぎょうの もとめる こうそつじょしが あつまらず、 このままでは そうぎょうが できない おそれも でて きました。

ゆたかな しゃかいで そだった じゅうだいの じょせいたちに いなかの こうじょうは そっぽを むかれたようです。

8. 地方の先端企業

半導体製造をはじめとする/ 先端技術/ ハイテク関連企業が/ 人出を求めて/ ぞくぞくと/ 地方に進出しています。

おもに/ 東北南部/ 信越/ 南九州に/ 企業が集中し/ これで地元の若い人たちは/ 親元を離れて/ 東京や/ 大阪に/ 就職しなくてもすむはずでした。 ところが/ 大都会から/ 遠く離れた工場での/ 単調な作業には/ 企業の求める高卒女子が集まらず/ このままでは/ 操業ができないおそれもでてきました。

豊かな社会で育った/ 10代の女性たちに/ 田舎の工場は/ そっぽをむかれたようです。

9. がんかんじゃ

まいとし、 にほんじんの しぼうげんいんの ちょうさが おこなわれていますが、 ごじゅうろくねんいらい、 にほんじんの しぼうげんいんの だいいちいは がんと なって います。 ごじゅうしちねんの がんに よる ししゃは じゅうななまん ろくせんにんあまりですから、 よにんに ひとりが がんで なくなった ことに なります。

そこで こうせいしょうは まっきがんかんじゃの ために けんきゅうはんを

つくりました。 その けんきゅうはんは どうしたら がんかんじゃが せいしんてき くつうを のりこえ、 かぎられた じかんを じゅうじつして すごせるかを しらべます。 その なかで とくに のぞましい いりょうしせつや いたみを とりのぞく ほうほう、 いしや かんごふきょういくの ありかたなど、 はばひろい テーマに ついて けんきゅうに とりくむ ことに なりました。

9. 癌患者

毎年/ 日本人の死亡原因の調査が行われていますが/ 56年以来/ 日本人の死亡原因の第一位は/ 癌となっています。 57年の癌による死者は/ 17万6千人あまりですから/ 4人に 1 人が/ 癌で亡くなったことになります。

そこで/ 厚生省は/ 末期癌患者のために/ 研究班をつくりました。その研究班は/ どうしたら癌患者が/ 精神的苦痛を乗り越え/ 限られた時間を/ 充実して過ごせるか/ を調べます。/ その中で/ 特に/ 望ましい医療施設や/ 痛みを取り除く方法/ 医師や看護婦教育の在り方など/ 幅広いテーマについて/ 研究に取り組むことになりました。

10. すりしんじゅう

こんや さいたまけんで おやこしんじゅうが ありました。 じゅうごにちごご しちじごろ、 かもつうんてんしゅの つまが ふたりの こどもと ベッドの うえで しんで いるのを きたくした おっとが みつけました。

となりの ろくじょうまの こたつの うえには、「からだの ぐあいが わるい。 くすりを のんでも ずつう、 かたこりが なおらない。 かていの

だんらんが ない。 こどもに のうやくを のませて じぶんも あとを おう。 おとうさん ごめんなさい。」 などと いう ないようの いしょが ありました。 つまは じぶんが びょうじゃくなのと おっとが うんそうがいしゃの うんてんしゅで いえに ふざいがちなのを くに して、 むりしんじゅうしたと けいさつでは みて います。

10. 無理心中

今夜/ 埼玉県で/ 親子心中がありました。 15日/ 午後７時ごろ/ 貨物運転手の妻が/ 二人の子供とべっどの上で死んでいるのを/ 帰宅した夫が見つけました。

隣の六畳間のこたつの上には/ 「体の具合が悪い。薬を飲んでも/ 頭痛/ 肩凝りが治らない。家庭の団欒がない。子供に農薬を飲ませて/ 自分も後を追う。お父さんごめんなさい。」/ などという内容の遺書がありました。 妻は/ 自分が病弱なのと/ 夫が運転会社の運転手で/ 家に不在がちなのを/ 苦にして/ 無理心中をした/ と警察ではみています。

11. ヘロイン みつゆ

けいしちょうは とうきょうとないの ホテルで はこびやの しんりんさぎょういんを まやく とりしまりほういはんと かんぜいほういはんの うたがいで たいほしました。

たいほされた とき もって いた ヘロイン にいてん さんキロも おうしゅうし、 まったんかかくで じゅうおくえんぶんの ヘロインが タイから みつゆにゅうされて いた ことを つきとめました。

しらべに よりますと、 みつゆはんは とうきょうで ヘロインを わたす よていの ものと あえなかったので ヘロインの はいった トランクを くうこうの てにもつ あずかりじょに あずけたまま、 きこくしました。 そして ふたたび にほんに にゅうこくした とき、 くうこうの でんわばんごうを かいた メモと てにもつの ひきかえけんを もって いた ため、 かかりかんが ふしんに おもい、 てにもつ あずかりじょを そうさくした ところ、 ヘロインが みつかった ものです。

11. ヘロイン密輸

警視庁は/ 東京都内のホテルで/ 運び屋の森林作業員を/ 麻薬取締法違反と/ 関税法違反の疑いで逮捕しました。

逮捕されたとき持っていた/ 2.3キロも押収し/ 末端価格で/ 10億円分のヘロインが/ タイから/ 密輸入されていたことを/ 突き止めました。

調べによりますと/ 密輸犯は/ 東京で/ ヘロインを渡す予定の者と/ 会えなかったので/ ヘロインの入ったトランクを/ 空港の手荷物預り所に預けたまま/ 帰国しました。/ そして/ ふたたび日本に入国したとき/ 空港の電話番号を書いたメモと/ 手荷物の引換券を持っていたため、/ 掛官が不審に思い/ 手荷物の預り所を捜索したところ/ ヘロインが見つかったものです。

12. だいがくせいの せいかつじったい

テレビや ステレオは もちろん、 ごにんに ひとりは じかようしゃも もって いると いう、 いくぶん リッチな だいがくせいの せいかつじったいが まとまりました。 この ちょうさは がくせいえんごかいが まとめた もので、 しゅとけんの およそ せんにんの がくせいを たいしょうに して います。

その けっか、 まず、 ひとつきの おこづかいは はんすういじょうが さんまんえんいじょう。 よにんに ひとりは ごまんえんいじょう つかって おり、 ひとつきに じゅうまんえんいじょうと いう がくせいも ちょうさの なかに よんじゅうにんあまり いました。

また、 もちものでは じぶん せんようの ステレオや テレビを もって いる がくせいが はんすうを こえ、 ごにんに ひとりの わりあいで じかようしゃを もって いる ことも わかりました。

こうした せいかつを ささえて いるのが アルバイトしゅうにゅうで、 アルバイトを した ことの ある がくせいは きゅうじゅうパーセント ちかくに のぼり、 なかでも スポーツクラブの しどういんや、 マスコミかんけいの しごとなどの アルバイトに にんきが あつまって います。

その いっぽうで、 がくひいがいに おやから けいざいてきえんじょを うけて いる がくせいも はちじゅっパーセントを こえ、 アルバイトを しながら ちゃっかりと おやの すねも かじるという げんだいの がくせいかたぎが この ちょうさから うかがえます。

12. 大学生の生活実態

テレビやステレオはもちろん/ 5人に一人は/ 自家用車を持っているという/ いくぶんリッチな/ 大学生の生活実態がまとまりました。 この調査は/ 学生援護会がまとめたもので/ 首都圏の/ およそ1000人の学生を/ 対象にしています。

その結果/ まず/ 一月のおこづかいは/ 半数以上が/ 3万円以上。 4人に一人は/ 5万円以上使っており/ 一月に/ 10万円以上という学生も/ 調査の中に/ 40人あまりいました。

また/ 持ち物では/ 自分専用の/ ステレオやテレビを持っている学生が/ 半数を越え/ 5人に一人の割合で/ 自家用車を持っていることもわかりました。

こうした生活を支えているのが/ アルバイト収入で/ アルバイトをしたことのある学生は/ 90パーセント近くにのぼり/ 中でも/ スポーツクラブの指導員や/ マスコミ関係の仕事などのアルバイトに/ 人気が集っています。

その一方で/ 学費以外に/ 親から/ 経済的援助を受けている学生も/ 80パーセントを越え/ アルバイトをしながら/ ちゃっかりと/ 親のすねもかじるという/ 現代の学生かたぎが/ この調査からうかがえます。

13. しんぞういしき

せんげつ、 アメリカの いりょうセンターで しんぞうに せんてんせいいじょうの ある、 せいご じゅうよっかめの あかちゃんに ヒヒの しんぞうが いしょくされた ことは まえにも おつたえしましたが、 しゅじゅつをうけてから にじゅう いちにちめに ついに なくなりました。

これは とうしょから しんぱいされて いた きょぜつはんのうが あらわれた もので、 すうじつまえ、 じんぞうの きのうが きゅうに あっかし、また、 しんぞうきのうも ていかした ためと いう ことです。 どうぶつのしんぞういしょくしゅじゅつの せいぞんきかんとしては、 これまでの みっかはんと いう きろくを おおはばに うわまわりましたが、 この しゅじゅつに たいする りんりめんでの ひはんも つよく、 こんごも ぎろんが つづきそうです。

13. 心臓移植

先月/ アメリカの医療センターで/ 心臓に/ 先天性異常のある/ 生後14日目の赤ちゃんに/ 狒々の心臓が/ 移植されたことは/ 前にもお伝えしましたが/ 手術を受けてから/ 21日目に/ ついに亡くなりました。

これは/ 当初から心配されていた/ 拒絶反応が表れたもので/ 数日前/ 腎臓の機能が/ 急に悪化し/ また/ 心臓機能も/ 低下したためということです。

動物の心臓移植手術の/ 生存期間としては/ これまでの/ 3日半という記録を/ 大幅に上回りましたが/ この手術に対する/ 倫理面での批判も強く/ 今後も/ 議論が続きそうです。

14. むせん

さいきん、 しはんの むせんきを かいぞうして、 けいさつむせんの ぼうがいや とうちょうを する ひとが ふえて います。 これは けいさつつうしんの ほとんどが エフエムはを しようして おり、 アマチュアむせんと おなじ しくみの ために、 かいぞうが かんたんで、 ぼうがいも しやすい わけです。

この ことを じゅうしした けいさつがわは けいさつの むせんつうしんを ぼうがいや とうちょうの できない デジタルつうしんほうしきに かえる ことに きめ、 その しきんとして さんじゅうおく よんせん はっぴゃく きゅうじゅう いちまんえんを ししゅつする ことに なりました。

これで ぜんこくの けいさつの やく いちまん いっせんだいの けいたいむせんの はんすういじょうが さいせんたんの デジタルつうしんきに かわる ことに なります。

14. 無線

最近/ 市販の無線機を改造して/ 警察無線の妨害や/ 盗聴をする人が増えています。 これは/ 警察通信のほとんどが/ FM波を使用しており/ アマチュア無線と同じ仕組みのために/ 改造が簡単で/ 妨害もしやすいわけです。

このことを重視した/ 警察側は/ 警察の無線通信を/ 妨害や盗聴のできない/ デジタル通信方式に変えることに決め/ その資金として/ 30億4891万円を支出することになりました。

これで/ 全国の警察の/ 約1万1千台の/ 携帯無線の半数以上が/ 最先端のデジタル通信機に/ 変わることになります。

15. スパイ

いちれんの スパイじけんで せいふに つとめる じょせいひしょが スパイようぎで たいほされました。 たいほされた ヘディ・シェーファーは せいふ がいこうたんとうきょくちょうの ひしょで どくしん。 せいふに にじゅうねんいじょうも つとめる ごじゅういっさいの ベテランです。

ヘディ・シェーファーは がいこうの きみつぶんしょや だいとうりょうとがいこくしゅのうとの かいだんきろくに めを とおせる たちばに あったとみられて います。

こんかいの スパイじけんの とくちょうは、 このほかにも さらに さんにんの じょせいひしょが スパイとして とうきょくの かんしかに おかれており、 すうじつちゅうには たいほされる みこみです。 やとうがわは ないかくの じにんを ようきゅうする かまえなどを みせて おりまして、 げんせいけんを ゆるがす この スパイスキャンダルは さらに ひろがる ようそうです。

15. スパイ

一連のスパイ事件で/ 政府に勤める女性秘書が/ スパイ容疑で逮捕されました。 逮捕されたヘディ·シェーファーは/ 政府外交担当局長の秘書で/ 独身。 政府に/ 20年以上も勤める/ 51歳のベテランです。

ヘディ·シェーファーは/ 外交の機密文書や/ 大統領と外国首脳との/ 会談記録に/ 目を通せる立場にあった/ と見られています。

今回のスパイ事件の特徴は/ この他にも/ さらに3人の女性秘書がスパイとして/ 当局の監視下におかれており/ 数日中には/ 逮捕される見込みです。 野党側は/ 内閣の辞任を要求する構えなどを/ 見せておりまして/ 現政権を揺るがす/ このスパイスキャンダルは/ さらに広がる様相です。

16. だいがく しんがくりつ

もんぶしょうが ごがつ ついたち げんざいで まとめた この はるの だいがく しんがくじょうきょうの ちょうさに よりますと、 だいがくや たんだいに すすんだ ひとは げんえきと ろうにんを あわせて、 およそ ろくじゅう よんまん さんぜんにんで、 しんがくりつは さんじゅう よんてん ななパーセントに とどまり、 じゅうにねんまえの よんじゅう きゅうねんと ならぶ ひくい すうじと なりました。

これは ことしから、 だいにじ ベビーブームの せだいが だいがくに しんがくするように なって、 じゅうはっさいじんこうが きょねんよりじゅうはちパーセントも ふえたのに たいして、 だいがくや たんだいの にゅうがくていいんが じっパーセントほどしか ふえず、 だいがくに しんがくできる ひとの わりあいが すくなく なった ためと みられて います。

また、 こうこうから せんしゅうがっこうや かくしゅがっこうなどに にゅうがくした せいとの ひりつは、 ことしは きょねんより いちパーセント ふえて、 これまでの さいこうの にじゅう ごてん ななパーセントに たっして おり、 しゃかいに でて、 すぐ やくだつ じっせんてきな ちしきや ぎじゅつを みに つけようと かんがえて いる わかものが ふえて いる ことが うかがえます。

16. 大学進学率

文部省が/ 5月1日現在でまとめた/ この春の大学進学状況の調査によりますと/ 大学や短大に進んだ人は/ 現役と浪人を合わせて/ およそ 64万3千人で/ 進学率は34.7パーセントにとどまり/ 12年前の/ 49年と並ぶ/ 低い数字となりました。

これは/ 今年から/ 第二次ベビーブームの世代が/ 大学に進学するようになって/ 18歳人口が/ 去年より18パーセントも増えたのに対して/ 大学や短大の入学定員が/ 10パーセントほどしか増えず/ 大学に進学できる人の割合が/ 少なくなったためと見られています。

また/ 高校から/ 専修学校や/ 各種学校などに入学した生徒の比率は/ 今年は去年より/ 1パーセント増えて/ これまでの最高の25.7パーセントに達しており/ 社会に出て/ すぐ役立つ/ 実践的な知識や技術を身につけよう/ と考えている若者が/ 増えていることがうかがえます。

17. いけばな

いけばなの りゅうはは ぜんこくに さんぜん あるとも いわれ、いけかたも りゅうはに よって かわります。 その なかで がいこくじんが ちゅうしんと なって かつどうする、 いけばなあいこうかだんたいの かいいんが いちまんにんを こえるように なりました。

がいこくじんが いけばなを ならう どうきには いくつか ありますが、だいいちは はなが すきだから、 だいには にほんぶんかを しる ため、 だいさんは びじゅつや ぞうけいの べんきょうの ためと なって います。

にほんじんは ひとつの りゅうはと ながく つきあいますが、 がいこくじんは いくつもの りゅうはを ならいたがる けいこうが あります。 ルールにも こだわらず、 にわの はなや くさを いけたり、 ティーポットや サラダボールなどを たくみに りようし、 にほんの いけばなかいに しんぷうを ふきこんで います。

17. 生け花

生け花の流派は/ 全国に/ 3千あるとも言われ/ 生け方も/ 流派によって変わります。 その中で/ 外国人が中心となって活動する/ 生け花愛好家団体の会員が/ 1万人を越えるようになりました。

外国人が/ 生け花を習う動機には/ いくつかありますが/ 第一は/ 花が好きだから/ 第二は/ 日本文化を知るため/ 第三は/ 美術や 造形の勉強のため/ となっています。

日本人は/ 一つの流派と長く付き合いますが/ 外国人は/ いくつもの流派を習いたがる傾向があります。 ルールにもこだわらず/ 庭の花や草を生けたり/ ティーポットや/ サラダボールなどを巧みに利用し/ 日本の生け花界に/ 新風を吹き込んでいます。

18. こうつうじこ

きょう ひるまえ、 けいようどうろの ひだりしゃせんで、 パンクしゅうりの ため ちゅうしゃして いた ダンプカーに いねむりうんてんの おおがた ダンプカーが しょうとつし、 ふたりが ぜんしんだぼくで じゅうたいです。

じこは、 パンクしゅうりの ために どうろの ひだりがわに ていしゃして いた とうきょうと こうとうくの なかやまかずおさんの よんトン ダンプカーに ヘドロを まんさいした、 とうきょうと えどがわく にしかさいの たけだいさお、 さんじゅう いっさいの うんてんする おおがた ダンプカーが しょうとつした ものです。 ぶつけられた なかやまさんは ぜんしんだぼくで じゅうたい。 また、 たけだの ちょうなんで、 じょしゅせきに のって いた はじめちゃん よんさいも、 どうろに なげだされて、 じゅうしょう。 この じこで、 げんばには ヘドロが ばらまかれ、 こうつうどめと なった ため、 とうきょうから ちばへの こうつうが ゆうがたまで だいこんらんと なりました。 げんいんは たけだの いねむりうんてんと みられて います。

18. 交通事故

今日昼前/ 京葉道路の左車線で/ パンク修理のため駐車していた/ ダンプカーに/ 居眠り運転の大型ダンプカーが衝突し/ 二人が/ 全身打撲で重体です。

事故は パンク修理のために/ 道路の左側に停車していた/ 東京都江東区の/ 中山かずおさんの4トンダンプカーに/ ヘドロを満載した/ 東京都江戸川区西葛西の/ 武田いさお/ 31歳の運転する大型ダンプカーが/ 衝突したものです。 ぶつけられた中山さんは /全身打撲で重体。 また// 武田の長男で/ 助手席に乗っていた/ はじめちゃん/ 4歳も/ 道路に投げ出されて/ 重傷。 この事故で/ 現場にはヘドロがばらまかれ/ 交通止めとなったため/ 東京から千葉への交通が/ 夕方まで/ 大混乱となりました。 原因は/ 武田の/ 居眠り運転とみられています。

19. じんざい はけんがいしゃ

おおてきぎょうけいれつの じんざい はけんがいしゃが、 きぎょうグループを ちゅうしんに おおはばな しんしゅつを けいかくして います。 ろうどうしゃ はけんほうは、 じむしょりや ひしょ、 つうやくなど、 はけんの おおい じゅうななの ぎょうむに かぎって、 ろうどうしょうへの とどけでや きょかを ぎむづけた うえで、 せいしきに じんざいはけんを みとめようと いう もので、 すでに ぜんこく にせんさんびゃく ろくじゅうにの じぎょうしょが、 はけんぎょうへの なのりを あげて います。

こうした なかで、 これまでは はけんがいしゃの おとくいさまだった おおてしょうしゃや ぎんこう、 ほけんがいしゃと いった、 きんゆうかんけいの きぎょうが、 さいきん みずから はけんがいしゃを つくる れいが つづいて おり、 きょういくセンターなども せいびして、 ちかく ほんかくてきに はけんぎょうかいに しんしゅつする うごきを みせて います。

19. 人材派遣会社

大手企業系列の人材派遣会社が/ 企業グループを中心に/ 大幅な進出を計画しています。 労働者派遣法は/ 事務処理や秘書/ 通訳など/ 派遣の多い17の業務に限って/ 労働省への届け出や許可を義務づけた上で/ 正式に人材派遣を認めよう/ というもので/ すでに全国2362の事業所が/ 派遣業への名乗りをあげています。

こうした中で/ これまでは/ 派遣会社のお得意さまだった/ 大手商社や銀行/ 保険会社といった/ 金融関係の企業が/ 最近みずから/ 派遣会社を作る例が続いており/ 教育センターなども整備して/ 近く本格的に/ 派遣業界に進出する動きを/ みせています。

20. だいがくせいの にんききぎょう

ある ちょうさきかんの はっぴょうに よりますと、 らいしゅん そつぎょうみこみの ぶんかけいがくせいの しゅうしょくきぼうは あんていせいときゅうよすいじゅんの たかさが かわれて、 そんがいほけんの ほか、せいめいほけん、 ぎんこうなどに にんきが あつまって います。 これは らいしゅんの そつぎょうせいの しゅうしょくせんそうが、 ふきょうのために、 きゅうじんが いちわり げんと よそうされて いる ことから、 あんていせいが みなおされた ものと おもわれます。 いっぽう、 りこうけいでは じょうい ろくしゃが エレクトロニクスせいひんを あつかって いる でんききき メーカーでした。

この ちょうさは れいねん、 みんかんの ちょうさきかんが ろくがつから にかげつかんに わたって、 よくねん さんがつ そつぎょうみこみのよねんせい だんしがくせいを たいしょうに おこなって いる ものです。

20. 大学生の人気企業

ある調査機関の発表によりますと/ 来春卒業見込みの/ 文科系学生の就職希望は/ 安定性と/ 給与水準の高さがかわれて/ 損害保険のほか/ 生命保険/ 銀行などに人気が集まっています。 これは/ 来春の卒業生の就職戦争が/ 不況のために/ 求人が/ 一割減と予想されていることから/ 安定性が見直されたものと思われます。 一方/ 理工系では/ 上位6社が/ エレクトロニクス製品を扱っている/ 電気機器メーカーでした。

この調査は/ 例年/ 民間の調査機関が/ 6月から2カ月間にわたって、/ 翌年3月卒業見込みの/ 4年生/ 男子学生を対象に行っているものです。

21. エイズ

にほん せきじゅうじしゃが ことしの にがつから おこなって おりましたけんけつしゃの けつえきけんさで、 これまでに さんにんの けつえきから エイズウイルスに かんせんして いる ことを しめす こうたいが はじめて みつかりました。 この ため こうせいしょうでは この さんにんに たいして、 いりょうきかんで くわしい しんりょうを うけるように しどうするとともに、 これまで とうきょうと おおさかの にかしょで おこなって きた けんけつしゃの けつえきの エイズけんさを とうきょう、 かながわ、 さいたま、 それに ちばの しゅとけんと、 おおさか、 きょうと、 ひょうご、 それに ふくおかの いっと ななふけんの あわせて にじゅう よんかしょの にっせき けつえきセンターに ひろげ、 ことしの しちがつから、 ねんかん さんびゃく ななじゅうまんにんを たいしょうに けんさを じっしする こ

とに なりました。

こうせいしょうでは これいがいの ちいきでも、 けんけつしゃの けつえきを ちゅうしゅつして、 けんさを する ことに して いますが、 にじかんせんの ぼうしなど、 さっきゅうの たいさくが せまられる ことに なりそうです。

21. エイズ

日本赤十字社が/ 今年の2月から行っておりました/ 献血者の血液検査で/ これまでに/ 3人の血液から/ エイズウイルスに感染していることを示す/ 抗体が/ はじめて見つかりました。 このため/ 厚生省では/ この3人に対して/ 医療機関で/ 詳しい診療を受けるように/ 指導するとともに、/ これまで/ 東京と大阪の/ 二カ所で行ってきた/ 献血者の血液のエイズ検査を/ 東京/ 神奈川/ 埼玉/ それに/ 千葉の首都圏と/ 大阪/ 京都/ 兵庫/ それに/ 福岡の/ 一都七府県の/ 合わせて24カ所の/ 日赤血液センターに広げ/ 今年の7月から/ 年間370万人を対象に/ 検査を実施することになりました。

厚生省では/ これ以外の地域でも/ 献血者の血液を抽出して/ 検査をすることにしていますが/ 二次感染の防止など/ 早急の対策が迫られることになりそうです。

22. ぼうえきまさつ

では つぎの ニュースです。 ぼうえきまさつを かいしょうする ために、 きょうから あらたに じどうしゃぶひんの もんだいに ついての はなしあいが はじまりました。 にほんの じどうしゃメーカーは ぶひんの ほ

とんどを けいれつメーカーから ちょうたつする ため、 にほんこくない だけでなく、 アメリカで げんちせいさんされる にほんしゃに ついても、 アメリカの ぶひんメーカーは じじつじょう しめだされて いると いう りゆうから、 アメリカがわが この もんだいを とりあげるよう、 しゅちょうして きた ものです。

この ため、 きょうからの はなしあいで アメリカがわは おおはばな しじょうの かいほうを もとめ、 にちべい ごうどうで にほんからの じどうしゃぶひんの ゆしゅつの のびを かんしする いいんかいの せっちを ようきゅうすると みられて います。

22. 貿易摩擦

では/ 次のニュースです。 貿易摩擦を解消するために/ 今日から/ 新たに/ 自動車部品の問題についての/ 話し合いが始まりました。 日本の自動車メーカーは/ 部品のほとんどを/ 系列メーカーから調達するため/ 日本国内だけでなく/ アメリカで/ 現地生産される日本車についても、/ アメリカの部品メーカーは/ 事実上/ 締め出されている/ という理由から/ アメリカ側が/ この問題を取り上げるよう/ 主張してきたものです。

このため/ 今日からの話し合いで/ アメリカ側は/ 大幅な市場の開放を求め/ 日米合同で/ 日本からの/ 自動車部品の輸出の伸びを/ 監視する委員会の設置を要求する/ と見られています。

23. げいのうじんの すがお

げいのうじんの すがおを しらべた ほうこくしょが せんしゅう はっぴょうされました。 じぶんの いしで げいのうかいに はいった ひとが おおいのにも かかわらず、 はいゆうの しごとに たいする ふまんどが たいへん たかく、 はんたいに でんとうげいのうの ぶんやでは しごとに まんぞくして いる ひとが おおく なって います。

また、 しごとが なくて やすんだ ひが いちねんの うち ろくじゅう さんにちにも なります。 これは カセットや ビデオなどに おされて、 なまの げいのうの でばんが すくなく なった ための ようです。

じぶんの ほんぎょうは なにかと いう いしきでは、 ぶんらく、 えんげいかんけいの ひとでは「おしえる こと」と「ぶたいしゅつえん」が おおく、 はいゆうでは「しかい」や「コマーシャルしゅつえん」を あげて います。

げいのうじんの いちばんの しんぱいは けんこうを がいして やすめば、 すぐ しゅうにゅうが とだえる ことだと いう ことも わかりました。

23. 芸能人の素顔

芸能人の素顔を調べた/ 報告書が/ 先週発表されました。 自分の意志で/ 芸能界に入った人が/ 多いのにもかかわらず/ 俳優の/ 仕事に対する不満度が/ たいへん高く/ 反対に/ 伝統芸能の分野では/ 仕事に満足している人が/ 多くなっています。

また/ 仕事がなくて/ 休んだ日が/ 1年のうち/ 63日にもなります。これは/ カセットやビデオなどに押されて/ 生の芸能の出番が/ すくなくなったためのようです。

自分の本業は何か/ という意識では/ 文楽/ 演芸関係の人では/「教えること」と/「舞台出演」が多く/ 俳優では/「司会」や/「コマーシャル出演」をあげています。

芸能人の一番の心配は/ 健康を害して休めば/ すぐ/ 収入がとだえることだ/ ということもわかりました。

24. パートいぞん

すうねんまえから パートで はたらく ひとの かずが きゅうそくに ふえて きました。 そこで、 ろうどうしょうは このほど パートタイマーの こようじょうきょうを ちょうさしました。 その けっか、 パートタイマーを やとって いる きぎょうは、 せいぞうぎょうで ろくじゅう にパーセント、 こうりぎょう ろくじゅう ろくパーセント、 サービスぎょう ろくじゅう よんパーセントと いう ことが わかりました。

きぎょうきぼべつで みますと、 じゅうぎょういん せんにんいじょうでは ごじゅう ななパーセントなのに たいし、 じゅうぎょういん ひゃくにんから さんびゃくにんみまんの きぎょうでは ななじゅっパーセントと、 ちゅうしょうきぎょうの ほうが パートいぞんりつが たかく なって います。 パートを やとう りゆうとしては「じんけんひの せつやく」が だいいちに あげられて おり、 これからも せいしゃいんより パートを やとう きぎょうの ほうが あっとうてきに おおく なる ことが よそうされて います。

24. パート依存

数年前から/ パートで働く人の数が/ 急速に増えてきました。 そこで/ 労働省はこのほど/ パートタイマーの雇用状況を調査しました。

その結果/ パートタイマーを雇っている企業は/ 製造業で/ 62パーセント/ 小売業/ 66パーセント/ サービス業/ 64パーセント/ ということがわかりました。

企業規模別でみますと/ 従業員1000人以上では/ 57パーセントなのに対し/ 従業員100人から300人未満の企業では/ 70パーセントと/ 中小企業のほうが/ パート依存率が高くなっています。 パートを雇う理由としては/「人件費の節約」が/ 第一にあげられており/ これからも/ 正社員より/ パートを雇う企業のほうが/ 圧倒的に多くなることが予想されています。

25. じょしの こようじょうきょう

しがつから だんじょ こようきかいきんとうほうが しこうされたのに ともないまして、 じょしの だいそつを さいようする きぎょうが ふえて きました。 きぎょうの きゅうわりが ちょうきこようする ほうこうですが、 しょうしんには げんかいが あると する きぎょうが すくなく ない ことが わかりました。

これは じんじいんの がいかくだんたいが ちょうさけっかを はっぴょうした もので、 それに よりますと、 だいそつだんしは きゅうじゅう ななパーセントの きぎょうで、 また だいそつじょしは ろくじゅう ななパーセントの きぎょうで さいようして いますが、 さいようしゃに しめる だいそつの わりあいは、 だんしが ろくじゅう よんパーセントなのに たいし、 じょしは じゅうきゅうパーセントで、 としに よって さいようしたり しなかったりと いう きぎょうが まだ さんじゅう きゅうパーセントと おおく、 ちょうきこように ついては、 きゅうわりちかくが いよくに もえて きんむするなら よいと まえむきですが、 いっていの ねんれいで たいしょくして

もらいたいと いう きぎょうも さんパーセント ありました。

25. 女子の雇用状況

4月から/ 男女雇用機会均等法が/ 施行されたのにともないまして/ 女子の大卒を採用する企業が/ 増えてきました。 企業の9割が/ 長期雇用する方向ですが/ 昇進には限界があるとする企業が/ 少なくないことがわかりました。

これは/ 人事院の外郭団体が/ 調査結果を発表したもので/ それによりますと/ 大卒男子は/ 97パーセントの企業で/ また/ 大卒女子は/ 67パーセントの企業で/ 採用していますが/ 採用者にしめる大卒の割合は/ 男子が64パーセントなのに対し/ 女子は19パーセントで/ 年によって採用したりしなかったり/ という企業が/ まだ/ 39パーセントと多く/ 長期雇用については、/ 9割近くが/ 意欲に燃えて勤務するならよい/ と前向きですが/ 一定の年齢で/ 退職してもらいたい/ という企業も3 パーセントありました。

26. せんきょいはん

つぎは こんげつの じゅうしちにちに おこなわれた しちょうせんきょで とうせんした ばかりの あたらしい しちょうが あいての りっこうほしゃがわに せん ごひゃくまんえんを わたした うたがいで、 きょう ごご たいほされました。

つかまったのは あたらしい しちょう いのうえしろう ようぎしゃです。 この しちょうせんきょには げんしょくの やまだしちょうが しゅつばしなかった ため、 いのうえようぎしゃと つかもとはじめしの ふたりが、 きょ

ねんの あきから じっしつてきな せんきょせんに とつにゅうして おりました。 りょうこうほとも、 じみんとうの ゆうりょく だいぎしの はばつに ぞくして いる ため、 こうほしゃの いっぽんかこうさくが はやくから おこなわれまして、 この なかで、 いのうえようぎしゃは こうほしゃを じぶんに いっぽんかする かわりに、 せん ごひゃくまんえんを わたす ことを やくそくして おりました。 すでに この じけんでは いっぽんかこうさくに かかわって いた ぜん けんちじの ひしょや しぎかいぎちょうら さんにんが たいほされて おります。

26. 選挙違反

次は/ 今月の17日に行われた/ 市長選挙で/ 当選したばかりの/ 新しい市長が/ 相手の立候補者側に/ 1500万円を渡した疑いで/ 今日/ 午後/ 逮捕されました。

捕まったのは/ 新しい市長/ 井上四郎容疑者です。 この市長選挙には/ 現職の山田市長が/ 出馬しなかったため/ 井上容疑者と/ 塚本はじめ氏の/ 二人が/ 去年の秋から /実質的な選挙戦に突入しておりました。 両候補とも/ 自民党の有力代議士の/ 派閥に属しているため/ 候補者の一本化工作が/ 早くから行われまして/ この中で/ 井上容疑者は/ 候補者を/ 自分に一本化するかわりに/ 1500万円を渡すことを/ 約束しておりました。 すでに/ この事件では/ 一本化工作にかかわっていた/ 前県知事の秘書や/ 市議会議長ら/ 3人が逮捕されております。

27. こうこうちゅうたいしゃ

せんご、 にほんの こうこう しんがくりつが ひじょうに たかく なり、ほとんどの ちゅうがくせいが こうこうに すすむのは ふつうの こととなって いますが、 その いっぽうで、 こうこう ちゅうたいしゃが ねんねん ぞうかして います。

さる しがつに まとめた もんぶしょうの ちょうさに よりますと、 ことし いちねんかんに、 ぜんこくの こうりつこうこうで あわせて じゅういちまんせん ごひゃく さんじゅう いちにんが ちゅうとたいがくしました。 さくねんに くらべますと、 ごせん よんひゃく きゅうじゅうにんも ぞうかして おり、 らいねんは さらに ぞうかする かのうせいが つよいと みられています。

ちゅうとたいがくの おもな げんいんとしては、 がっこうせいかつやがくぎょうが あわない、 また、 べんきょうが わからないなどが あげられて います。

そこで もんぶしょうでは ぜんこくの こうこう ちゅうたいしゃ ごせんにんを たいしょうに めんせつちょうさし、 ちゅうとたいがくの げんいんや そのごの しんろに ついて、 くわしく きく ことに し、 らいねんどの よさんがいさんようきゅうに しんろじょうきょうちょうさひ せん ごひゃくまんえんをけいじょうしました。

27. 高校中退者

戦後/ 日本の高校進学率が/ 非常に高くなり/ ほとんどの中学生が/ 高校に進むのは/ 普通のこととなっていますが/ その一方で/ 高校中退者が/ 年々/ 増加しています。

さる４月にまとめた/ 文部省の調査によりますと/ 今年１年間に/ 全国の公立高校で/ あわせて11万1531人が/ 中途退学しました。 昨年に比べますと/ 5490人も増加しており/ 来年は/ さらに増加する可能性が強い/ と見られています。

中途退学のおもな原因としては/ 学校生活や/ 学業が合わない/ また/ 勉強がわからないなどが/ あげられています。

そこで文部省では/ 全国の高校中退者5千人を対象に/ 面接調査し/ 中途退学の原因や/ その後の進路について/ 詳しく聞くことにし/ 来年度の予算概算要求に/ 進路状況調査費/ 1500万円を計上しました。

28. おおあめ

かっぱつな ばいうぜんせんの えいきょうで きょうの にほんれっとうは きゅうしゅうから ほっかいどうの なんぶに かけての ひろい はんいで、 きょくちてきに つよい あめが ふりましたが、 これから あすの にっちゅうに かけても にしにほんや、 とうほく、 ほっかいどうでは おおあめの おそれが あります。

きしょうちょうの かんそくに よりますと、 ばいうぜんせんは、 きのうより いくぶん ほくじょうして、 かんとうちほうから いったん にほんかいに でて、 ちゅうごくちほうを よこぎり、 きゅうしゅうの にしの かいじょうに のびて います。 この ため、 あめの くいきが きたにも ひろがって、 ほっかいどうの なんぶや とうほくちほう、 それに ちゅうごくちほうの ところどころで きょくちてきに つよい あめが ふって います。 いっぽう、 にほんかいの ばいうぜんせんに むかって、 みなみから あたたかい くうきが ながれこんだ ため、 ほくりくちほうでは にっちゅう、 フェーン

げんしょうが おきて、 さいこうきおんが、 かなざわで さんじゅう よんどよぶ、 とやまで さんじゅう にど ごぶまで あがり、 この なつの はじめての まなつびと なりました。

きしょうちょうに よりますと、 ばいうぜんせんは、 あす あさには とうほくほくぶから きゅうしゅうの ほくぶに たっし、 そのご、 さらに なんかする みこみです。 この ため、 これから あす にっちゅうに かけて、 これまでに たいりょうに あめの ふって いる にしにほんと とうほく、 ほっかいどうちほうを ちゅうしんに、 また おおあめに なり、 こんごの うりょうは、 おおい ところで ひゃくミリから ひゃくごじゅうミリに たっする おそれが あります。 また、 これらの ちほうでは、 とつぜんに いちじかんに にじゅうミリから ごじゅうミリの つよい あめが ゲリラてきに ふる おそれも あり、 じゅうぶんな ちゅういが ひつようです。

28. 大雨

活発な梅雨前線の影響で/ 今日の日本列島は/ 九州から北海道の南部にかけての広い範囲で/ 局地的に/ 強い雨が降りましたが/ これから/ あすの日中にかけても/ 西日本や/ 東北/ 北海道では/ 大雨の恐れがあります。

気象庁の観測によりますと/ 梅雨前線は/ 昨日よりいくぶん北上して/ 関東地方から/ いったん日本海に出て/ 中国地方を横切り/ 九州の西の海上に伸びています。 このため/ 雨の区域が/ 北にも広がって/ 北海道の南部や/ 東北地方/ それに/ 中国地方のところどころで/ 局地的に/ 強い雨が降っています。 一方/ 日本海の梅雨前線に向かって/ 南から暖かい空気が流れ込んだため/ 北陸地方では日中/ フェーン現象がおきて/ 最高気温が/ 金沢で34度4分/ 富山で32度5

分まであがり/ この夏のはじめての/ 真夏日となりました。

気象庁によりますと/ 梅雨前線は/ あす/ 朝には/ 東北北部から九州の北部に達し/ その後/ さらに南下する見込みです。 このため/ これから/ あす日中にかけて/ これまでに/ 大量に雨の降っている西日本と/ 東北/ 北海道地方を中心に/ また大雨になり/ 今後の雨量は/ 多いところで/ 100ミリから150ミリに達する恐れがあります。 また/ これらの地方では/ 突然に/ 1時間に 20ミリから50ミリの強い雨が/ ゲリラ的に降る恐れもあり/ 十分な注意が必要です。

29. うちゅうじぎょうだん おしょく

みやぎけんけいは、 うちゅうセンターに ロケットよう えきたいねんりょうを のうにゅうして いた かいしゃの えいぎょうぶちょうを ぞうわいようぎで たいほしました。 けいさつは この ぶちょうが、 センターしょくいんに べんぎを はかって もらう ため、 げんきんを おくって いた じじつを つきとめ、 かいしゃや じたくなどを かたくそうさくしました。

また、 センターぎじゅつかしゅにんは、 ガス はんばいぎょうしゃから、 こうあつガス のうにゅう、 ガス ぶんせきさぎょうなどに からみ、 いんしょくてんで すうかいに わたって もてなしを うけた ほか、 たがくの つけの しはらいを させた うたがいが もたれて います。 しゅうわいそうがくは ひゃくまんえんに たっすると みられて います。

29. 宇宙事業団汚職

宮城県警は/ 宇宙センターに/ ロケット用液体燃料を納入していた会社の/ 営業部長を/ 贈賄容疑で逮捕しました。 警察は/ この部長が/ センター職員に/ 便宜を図ってもらうため/ 現金を贈っていた事実を突き止め/ 会社や自宅などを/ 家宅捜索しました。

また/ センター技術課主任は/ ガス販売業者から/ 高圧ガス納入/ ガス分析作業などにからみ/ 飲食店で/ 数回にわたって/ もてなしを受けたほか/ 多額のつけの支払をさせた疑いが/ もたれています。 収賄総額は/ 百万円に達するとみられています。

30. きゅうすいちょうせい

とうきょうちほうは、しちがついらい あめが すくなく みずぶそくが しんぱいされて おりますが、 とねがわから みずを くみあげて いる とうきょうとと さいたまけんでは、 きょうから しゅすいせいげんに はいりました。

これは きょう ひらかれた けんせつしょうの かっすい たいさく きょうぎかいで きまった もので、 とうきょうとでは、 げんざい、 とねがわから いちにち よんひゃく ろくじゅうまんトンの しゅすいを おこなって いるのを、 きょうから さんびゃく さんじゅうまんトンにまで へらす ほか、 さいたまけんでも、 けんないの ちいきかんで みずを ゆうずうしあう きゅうすいちょうせいに はいりました。

また、 このまま あめが ふらない ばあいには、 とねがわすいけいの ちば、 ぐんまなどを ふくめた いっと よんけんで、 らいげつの ふつかから さらに じっパーセント しゅすいを へらす ことに なって います。 この ため、 かく とけんとも せっすいを よびかけて おります。

30. 給水調整

東京地方は/ 7月以来/ 雨が少なく/ 水不足が心配されておりますが/ 利根川から/ 水を汲み上げている/ 東京都と埼玉県では/ 今日から/ 取水制限に入りました。

これは/ 今日開かれた/ 建設省の/ 渇水対策協議会で決まったもので/ 東京都では/ 現在/ 利根川から/ 1日/ 460万トンの取水を行なっているのを/ 今日から/ 330万トンにまで/ 減らすほか/ 埼玉県でも/ 県内の地域間で/ 水を融通しあう/ 給水調整に入りました。

また/ このまま/ 雨が降らない場合には/ 利根川水系の/ 千葉/ 群馬などを含めた/ 一都四県で/ 来月の二日から/ さらに10パーセント/ 取水を減らすことになっています。 このため/ 各都県とも/ 節水を呼び掛けております。

(뉴스의 본문편은 掘歌子 外「ニュースで学ぶ日本語聞き取り教材」에서 발췌한 것임)

IX 희곡과 발음

외국어의 회화 즉 구어의 학습에는 연극의 희곡이나 영화의 시나리오 같은 것이 가장 효과적이다. 그 이유는 실생활을 가정한 다양한 장면이 주어지고, 그 장면에 맞게 적합한 표현과 어휘가 주어지기 때문이다. 그리고 무엇보다 구어의 특징인 풍부한 감정이 요구되기 때문에 우리의 실생활보다 더욱 다이나믹한 학습을 경험할 수 있다. 또한 여러 사람이 협동하여 지루하지 않게 하나의 작품을 다듬어 가는 과정이야말로 최고의 학습 방법이라 아니할 수 없다. 만약 여의치 않을 경우는 혼자서 등장 인물들의 목소리를 다양하게 구사하며 모노 드라마식으로 작품을 만들어 보는 것도 아주 좋은 학습이 될 수 있을 것이다.

<발음편>의 악센트는 어절 단위로 표시를 해두었으나, 실제로는 악센트句를 살려서 발음해야 한다. 주어진 상황을 생각해 보면 쉽게 악센트句를 만들 수 있고, 경우에 따라서는 악센트句에 여러 가지로 변화를 주는 것도 가능하다. 그리고 표시는 없지만, 특정 단어를 강조하는 프로미넨스도 반드시 살려서 발음해야 한다.

1. ゴミたちのかんきょう(環境)サミット

[발음편]

キャスト	
あきかん	ビールがよい
ごはんつぶ(粒)	アキタコマチ
わりばし	
べんとうばこ(弁当箱)	コンビニべんとう(弁当)のつかいすてようき (使い捨て容器)
こうこくし(広告紙)	
メロンのかわ(皮)	
そだい(粗大)ゴミ	

時 (とき)　**げ**んだい (現代)

所 (ところ)　**あるまち** (町) **はずれのゴミしょりじょう** (処理場)

舞台 (ぶたい) ぜん**たい** (全体) **におく** (奥) へい**くほどだんだんた**か (高) くなる。しもて (下手) **は**かみて (上手) **よりすこ** (少) したか (高) く**する。ぶたいぜんたい** (舞台全体) **にざつぜん** (雑然) **と**ゴミがさんらん (散乱) **している。ふくらんだ**ゴミぶくろ (袋) 、ざっしるい (雑誌類) **やしんぶ**んし (新聞紙) のたば (束) 、あきかん、だんボールばこ (段ボール箱) 、**こわ** (壊) れた**なべ** (鍋) やイス、**か**ぐ (家具) 、か**がみ**など (鏡等) 、**いろいろなしゅ**るい (種類) のゴミをは**いち** (配置) **する。** かみて (上手) **にコンポスター。** しもて (下手) **に、**こうこくし (「広告紙」) がゴミぶくろ (袋) の**な**かにか**く** (隠) れ**ている。**

ゆっくりとしたけ**いみょう** (軽妙) **なおんが**く (音楽) と**と**もにま**く** (幕) があ (開) **く。**

しもておく（下手奥）のたか（高）いところ（所）でまんが（漫画）をよ（読）んでいたあきかんは、おお（大）きなあくびをしたあと（後）ね（寝）てしまう。

トラックがちか（近）づいてと（止）まるおと（音）。

かみて（上手）てんじょう（天井）からふく（膨）らんだゴミぶくろ（袋）が、たいりょう（大量）にふ（降）ってくる。

すぐ、わりばしがくるくるまわ（回）りながらとうじょう（登場）。つづ（続）いて、べんとうばこ（弁当箱）とごはんつぶ（粒）がとうじょう（登場）。

ごはんつぶ（粒）はべんとうばこ（弁当箱）にしがみついている。べんとうばこ（弁当箱）は、ごはんつぶ（粒）をふりほどこうとして、ついにあし（足）がもつれてころ（転）ぶ。わりばしはぶつかりそうになって、あわててとびのく。

弁当箱　いたたた! いた（痛）いいた（痛）い。おい、ちょっとはな（離）れろよ!

ごはん粒　しかたないでしょ。おべんとうばこ（弁当箱）にぴったりついたごはんつぶ（粒）。わたし（私）たち、うんめいきょうどうたい（運命共同体）なの。

わりばし　ああ、うんめい（運命）か……。いっかい（一回）きりでぽいす（捨）てされるのが、わりばしのうんめい（運命）とはいえ、これじゃなんだかむなしいよ……。

弁当箱　ちょっと、おも（重）いな、このごはんつぶ（粒）。あっちこっちべたべたするなって。

ごはん粒　あら、こうみ（見）えてもわたし（私）って、ふっくらかわいい、ねば（粘）りづよ（強）さがとりえのアキタコマチよ。

わりばし　コンビニべんとう（弁当）のこめ（米）がアキタコマチだって？うそ（嘘）もやす（休）みやす（休）みい（言）ってくれよ。

ごはん粒　なに（何）い（言）ってるの。よくみ（見）なさいよ、このつやとはり。(と、ほお（頬）をつきだし)しんまい（新米）よ。し・ん・ま・い。

わりばし　しんまい（新米）？それにしては、こじわがいっぱいあるなあ。

ごはん粒　う、うそぉ！(あわててかがみ（鏡）をのぞきこむ)

弁当箱　(ついにたまりかねて) いいかげんにはな（離）れろ！(ごはんつぶ（粒）をつきとばす)

ごはん粒　(ころ（転）んで) いた（痛）い！かわいいわたし（私）が、どうしてこんなめ（目）にあわなくちゃいけないの。

弁当箱　(からだ（体）についているちい（小）さいごはんつぶ（粒）をと（取）って、まわりにな（投）げながら）ったくさいきん（最近）のわか（若）いモンときたら、ごはんつぶ（粒）がのこ（残）ってても、き（気）にもしないんだから。あっ、ここにも、ほら、ここにもあるじゃないか！

わりばし　(ごはんつぶ（粒）をよけながら)おいおい、あっちこっちとばさないでくれよ。きたな（汚）いな。

ごはん粒　とうとうゴミになっちゃったのね。

わりばし　ああ、かんばつざい（間伐材）からこんなすがた（姿）になっちゃって、ついにゴミばこ（箱）でじょうぶつ（成仏）なさるとは。(おが（拝）む)

ごはん粒　じょうぶつ（成仏）？それってどういうこと（事）？わたしたち（私達）、これからどうなるっていう（言）うの？

わりばし　どうなるのって、ゴミはも（燃）えてはい（灰）になっちまうにき（決）まっているだろ。それがわたし（私）たちのうんめい（運命）さ。

ごはん粒　ええっ?

弁当箱　し（知）らなかったのか?

ごはん粒　（はんな（半泣）きのかお（顔）で）うん。

わりばし　やっぱりおまえ（前）さん、しんまい（新米）だな。よ（世）のなか（中）のことがまるでわ（分）かってない……。

ごはん粒　（おおごえ（大声）でわめく）いやよ、いやいや。や（焼）かれるなんてあんまりだわ!

弁当箱　じんせい（人生）にはあきらめがかんじん。

ごはん粒　こうなるまえ（前）に、せめても（燃）えるようなこい（恋）がしたかったのに。

弁当箱　こうかい（後悔）さき（先）にた（立）たず。むかし（昔）のことは、もうわす（忘）れて。

ごはん粒　（な（泣）きながら）いやいや、やきめしになるなんて、ぜったい（絶対）にいやよ。

わりばし　いまさらじたばたしたって、どうなるもんでもないだろ。

弁当箱　（な（泣）いているごはんつぶ（粒）に）そうそう、どうせ、のこ（残）りすく（少）ないいのち（命）なんだから。な（泣）いてなんかいないで、さいご（最後）にパーッとさわ（騒）いでやろうぜ。

べんとうばこ（弁当箱）は、ごはんつぶ（粒）やわりばしをさそ（誘）っておど（踊）りだ（出）す。

けいかい（軽快）でようき（陽気）なおんがく（音楽）。

な（泣）いていたごはんつぶ（粒）も、だんだんからだ

（体）がうご（動）きはじ（始）める。

しだいにも（盛）りあ（上）がり、おんがく（音楽）もおお（大）きくなる。

あきかん　(たまりかねてお（起）きあ（上）がり）やかましい!

おんがく（音楽）と（止）まる。べんとうばこ（弁当箱）たちは、おどろ（驚）いておど（踊）るのをやめる。

あきかん　(た（立）ちあ（上）がりながら)さっきからだま（黙）ってき（聞）いてりゃ、や（焼）かれたくない? こい（恋）がしたかった? おうじょうぎわ（往生際）がわる（悪）すぎるってゆーんだよ!。

弁当箱　(みがま（身構）えて)な、なんだきさまは?

ごはん粒　あなた、だれ（誰）?

リズミカルなおんがく（音楽）。

あきかん、おんがく（音楽）にあ（合）わせてかっこよくおど（踊）る。 おんがく（音楽）がと（止）まる。

あきかん　(さいご（最後）のポーズをき（決）めて）ぼく（僕）はあきかんさ。 きみ（君）たち、しんい（新入）りのようだね。

ごはん粒　キャーすてき! かっこいいわあ。 うっとり。

あきかん　きみ（君）、なかなかいいセンスしてるじゃないか。

ごはん粒　ええ、ほんと! キャーうれしい。（あきかんにちか（近）づく）

弁当箱　さいきん（最近）のおんな（女）のこ（子）って、ああいうのがしゅみ（趣味）なのか?

わりばし　あいつ、ぱっとみ（見）ははで（派手）でかっこいいけど、なかみ（中身）はから（空）っぽですよ。

弁当箱　うん、いかにもかる（軽）いかん（感）じだ。

あきかん　これからのじだい（時代）、センスをみが（磨）かないと。こんじょう（根性）だけではい（生）きていけないよ。

弁当箱　センスか。(やぶ（破）れたせんす（扇子）をひろ（拾）ってみせる）はい!

あきかん　（せんす（扇子）でべんとうばこ（弁当箱）のあたま（頭）をたたき）これはせんす（扇子）！

わりばし　（リンスのからようき（空容器）をひろ（拾）ってみせる）はい!

あきかん　（う（受）けと（取）ったようき（容器）をな（投）げかえ（返）し）これはリンス!

弁当箱　（そだい（粗大）ゴミのタンスをも（持）ってきて）はい!

あきかん　これはタンス! えーいきみたち（君達）、ぼくをばかにしているのか?

弁当箱・わりばし　はい!（あわててくび（首）をふ（振）り）い、いや、めっそうもない。

ごはん粒　（いつのまにかあきかんにくっついていて）かんけい（関係）ないのはほっといて。それよりもねえ、あっちでゴミニケーションでもしましょうよ。ところであなた、しゅみ（趣味）はなあに?（あきかんをひっぱっていく）

あきかん　えっ、（すこ（少）しこま（困）って）しかしやけにべたべたするやつだなあ。

ごはん粒　アキタコマチですもの。ねねね、す（好）きなおんな（女）のこ（子）のタイプは?

あきかん　しつこいのはダメダメ。ドライがう（売）れるじだい（時代）だ

から……。(と、ごはんつぶ（粒）をひ（引）きはな（離）す)

ごはんつぶ（粒）、いきお（勢）いよくとばされ、こうこくし（広告紙）のはい（入）っているゴミぶくろ（袋）にぶつかる。こうこくし(広告紙）は、さいしょ（最初）からゴミぶくろ（袋）のなか（中）にはい（入）っていて、き（気）づかれないようにじっとすわっている)

広告紙　いたッ! だれ（誰）ですか? いま（今）ぶつかったのは……。(ゴミぶくろ（袋）からかお（顔）をだ（出）し、た（立）ちあ（上）がる)

ごはん粒　ご、ごめんなさい。(おどろ（驚）いて、あわててに（逃）げる)

とつぜん（突然）、こうこくし（広告紙）があらわ（現）れたので、いちどう（一同）おどろ（驚）いてみがま（身構）える。

広告紙　わたし（私）はあやしいもの（者）ではありません。おな（同）じゴミです。なかま（仲間）ですよ。

あきかん　おい! おど（脅）かさないでくれよ。

わりばしとごはんつぶ（粒）は、こうこくし（広告紙）のからだ（体）のあちこちについているこうこく（広告）をよ（読）みはじ(始）める。

わりばし　「かぎ（限）りあるしげん（資源）をたいせつ（大切）に……せいふこうこくきこう（政府広告機構）。」

ごはん粒　ぎゅうにくとくばい（牛肉特売）、……アキタコマチだいとっか（大特価）？ しつれい（失礼）しちゃうわね、まったく!

弁当箱　なんだお（折）りこ（込）みこうこく（広告）のかみ（紙）か。

広告紙　そうです。こうしておな（同）じゴミす（捨）てば（場）であ（会）ったのもなん(何)かのごえん（御縁）。ま、よろしくおねが（願）いします。

ごはん粒　そうよ。やっぱりえん（縁）をたいせつ（大切）にしないと、ねえ……。(と、あきかんにちかよ（近寄）る)

あきかん　え、えんりょ（遠慮）するよ。（すばやくに（逃）げる)

広告紙　あれ、そのスタイルは、もしかしてあきかん?

あきかん　「こくがあるのにきれがある。のどごしさわやか、ビールがうまい。」(と、ポーズ)

広告紙　ここはも（燃）えるゴミのく（来）るところです。も（燃）えないゴミはあっちだよ、あっち。（と、しもて（下手）をゆび（指）さす)

あきかん　えっ?

弁当箱　そうそう。なんかへん（変）だとおも（思）ってたんだ。

わりばし　こんなのがいるから、こま（困）るんだよね。

弁当箱　(とつぜん（突然）、かんさいべん（関西弁）になって)ちょっとそこのにいちゃん。ここはも（燃）えるゴミのなわばりや。だれ（誰）にことわってしょうばい（商売）してんねん。

わりばし　かっ、かんさい（関西）のごしゅっしん（御出身）だったんですか。

あきかん　（も（持）っていたあきかんをたたきつけ)やかましい！ ここはてんか（天下）のゴミす（捨）てば（場）。どこにいようがたにん（他人）にもんく（文句）い（言）われるすじあ（筋合）いはないね。

弁当箱　なんやと。おとなしくひ（引）きさ（下）がらんかい。

あきかん　きみ（君）のさしず（指図）はう（受）けないし、そのひつよう（必要）もない。だいいち（第一）、ここではおれさま（俺様）のほう（方）がせんぱい（先輩）だろう。

ごはんつぶ（粒）とわりばし、にらみあうふたり（二人）のあいだ（間）にわ（割）ってはいる。

わりばし　（べんとうばこ（弁当箱）に)もういいだろ。そうかたいことい（言）わなくても。

ごはん粒　これも、みんなわたし（私）のせいよ。うつく（美）しすぎるってつみ（罪）なのね。

わりばし　かんちが（違）いもここまでくるとりっぱだな。

広告紙　それはそうと、アルミかん（缶）ですか？ スチールかん（缶）ですか。

あきかん　はあ？

広告紙　(じしゃく（磁石）をと（取）りだ（出）し、あきかんのせなか（背中）にあ（当）てて)あっ、アルミかん(缶)です。じしゃく（磁石）にもつかないし、おしり（尻）もぎんいろ（銀色）。いや、まちがいなし。

あきかん　アルミかん（缶）？

広告紙　アルミかん（缶）いっこ（一個）リサイクルにまわすと、テレビよじかんはん（四時間半）み（見）られるだけのでんき（電気）をせつやく（節約）できるんです。

弁当箱　えーっ、もったいない。

一同　アルミかん（缶）はリサイクルへ！（あきかんをゆび（指）さす）

広告紙　リサイクルへまわすまえ（前）にちい（小）さくつぶさないといけません。みなさん、いっしょ（一緒）につぶしましょう。

あきかん　えーっ、そんなばかな……。

あきかん、おも（思）わずに（逃）げだす。いちどう（一同）、それをお（追）いかける。

けいかい（軽快）でにぎやかなおんがく（音楽）。

いちどう（一同）、ぶたいじゅう（舞台中）をたの（楽）しいふんいき（雰囲気）ではし（走）りまわ（回）る。と、とつぜん（突然）パンパンとはじけるようなおと（音）。

いちどう（一同）、くちぐち（口々）にさけ（叫）びごえ（声）をあげ、そのば（場）にからだ（体）をふ（伏）せる。

おんがく（音楽）がと（止）まり、しず（静）かになる。

ごはん粒　（おびえて）な、なに（何）？いま（今）のおと（音）？

あきかん　たぶん、ばくちく（爆竹）だろ。

一同　ばくちく（爆竹）？

あきかん　ときどき（時々）あるんだよ。はなび（花火）やスプレーかん（缶）がそのままＹす（捨）てられるから、ばくはつ（爆発）でえらいめ（目）にあ（会）うこともある。

弁当箱　（あたりをみまわ（見回）して）よくみ（見）ると、ここはひどいところだなあ。なに（何）しろきたな（汚）いし、くさいし……。

広告紙　いちおう（一応）、ゴミしょりじょう（処理場）ですから。

弁当箱　ここにはも（燃）えるゴミしかき（来）ちゃいけないんだろ?

広告紙　そうです。

弁当箱　それなのにこれみ（見）ろよ。ガラスがある。なべ（鍋）もある。そしてアルミかん（缶）までいるじゃないか。（ゆび（指）さす）

一同　アルミかん（缶）はリサイクルへ!

広告紙　リサイクルすれば、このぎゅうにゅう（牛乳）パックごまい（五枚）でトイレットペーパーがいっこ（一個）できるんですよ。

一同　（ちい（小）さいこえ（声）で）ええっ、そんな! トイレットペーパーがいっこ（一個）！すごい!

わりばし　えっ、ほんと（本当）？じゃあも（燃）やしたらもったいないよ。

広告紙　そう、そのとお（通）り。いいですかみな（皆）さん! ここにあるゴミのうち　、ほんとう（本当）のゴミってわずかなんですよ。

弁当箱　ゴミじゃなかったらいったいなん（何）だっていうんだ?

広告紙　しげん（資源）です。

ごはん粒　ねえ、み（見）て! このアルミかん（缶）、やけにおも（重）たいわ。どうして?（ぶたいおく（舞台奥）のかんでんち（乾電池）をも（持）ってくる。）

みんなかんでんち（乾電池）のまわりにあつ（集）まってくる。

弁当箱　いちてんご（一・五）ボルトってか（書）いてある。これって、なん（何）のいみ（意味）？

広告紙　（あわててとびのいて)そ、それはかんでんち（乾電池）です。きけん（危険）ですからさわ（触）らないで!。

ごはん粒　えーっ、どういうこと（事）？

広告紙　そのなか（中）にはすいぎん（水銀）がはい（入）っているんですよ。すいぎん（水銀）はどくぶつ（毒物）です!

いちどう（一同）、あわててに（逃）げる。

弁当箱　(ごはんつぶ（粒）に)あ、あっちにす（捨）ててこい。

ごはん粒　ええっ、わたし（私）が?

ごはんつぶ（粒）、しかたなくかんでんち（乾電池）をも（持）ってかみて（上手）にたいじょう（退場）。

わりばし　だったら、ここはゆうがい（有害）ゴミまで、ま（混）ざってるってわけ?

広告紙　なん（何）でもありのじょうきょう（状況）ですよ。ハッキリい（言）って……。

弁当箱　せっそう（節操）のないゴミす（捨）てば（場）だなあ。まったく!

かみて（上手）より、ごはんつぶ（粒）がいやがるメロンのかわ（皮）を、むりやりひ（引）っぱ（張）ってくる。

ごはん粒　おい、み（見）かけないのがいるよ。

弁当箱　(メロンのかた（肩）にて（手）をかけて) おまえ、なにもの（何者）？

メロン　(かた（肩）のて（手）をふ（振）りはら（払）って) ちょっと! きやす（気安）く、さわらないでくれる!

弁当箱　なに（何）！

わりばし　(ゆび（指）さして) あれ、なに（何）？

あきかん　さあ、きみ（君）し（知）ってるか?

弁当箱　み（見）たことないなあ。

メロン　み（見）たことないって、まったくしつれい（失礼）しちゃうわ。……でもまあ、じょうりゅう（上流）のかた（方）でなければごぞん（存）じないかもね。

広告紙　(しばらくかんが（考）えていたが) あれは、メロンのかわ（皮）です。

弁当箱　メロン?

メロン　(いやみたっぷりに) コンビニべんとう（弁当）には、ぜーったいにとうじょう（登場）しないこうきゅう（高級）くだもの（果物）ですわ。

弁当箱　こいつ、やっつけたろか!

メロン　まあ、こわい。

わりばし　はら（腹）がたつと、かんさいじん（関西人）になるんですね。

ごはん粒　(こうこくし（広告紙）のからだ（体）のこうこく（広告）をみ（見）て)メロンとっか（特価）、にせんえん（2000円）じゃないの!

一同　たか（高）ーい。

メロン　とうぜん（当然）ですわ。こうきゅう（高級）ですもの。

一同　もったいなーい。

メロン　わたくし、じょうひん（上品）なくだもの（果物）ですの。

いちどう（一同）、メロンをむし（無視）してわ（輪）になり、も（盛）りあ（上）がる。

わりばし　かわ（皮）までた（食）べないともったいないね。

広告紙　スイカは、えいご（英語）でウォーターメロンです。

弁当箱　なんだ、スイカのしんせき（親戚）か。

広告紙　（しばらくかんが（考）えていたが）ちょっとま（待）ってください。（いちどう（一同）がしず（静）まってから）ここは、も（燃）えるゴミのく（来）るところ。メロンのかわ（皮）は、た（食）べのこ（残）しですからなま（生）ゴミにぶんべつ（分別）されるはずです。

メロン　あなた、このうつく（美）しいわたし（私）が、ゴミですって？いったい（一体）どういうつもり？

弁当箱　じゃ、こいつは？（と、ごはんつぶ（粒）をお（押）しだ（出）す）

広告紙　かれ（彼）らも、しょせんた（食）べのこ（残）しですから。

一同　なま（生）ゴミ！

ごはん粒　なま（生）ゴミはどうなるの？やきめしにならなくてもいいの？

広告紙　（かみて（上手）のコンポスターをゆび（指）さし）なま（生）ゴミは、あのコンポスターのなか（中）でコンポストになるのがエコロジックとされています。

メロン・ごはん粒　コンポスト？（コンポスターにちか（近）づく）

あきかん　エコ……て、なに（何）？

広告紙　まあ、ひとことでい（言）えば、ちきゅう（地球）にやさ

（優）しいい（生）きかた（方）っていうところですかね。

ごはん粒　（コンポスターをのぞきこ（込）み）ぎゃあー!（おどろ（驚）いてと（飛）びの（退）き、ふるえて)な、なに（何）、これ。

広告紙　コンポスト、つまりたいひ（堆肥）です。

ごはん粒　でも、へん（変）なむし（虫）がいっぱい。ああ、きも（気持）ちわる（悪）い。(み（身）ぶる（震）いをする)

わりばし　（コンポスターをのぞきこ（込）み）へえー、これはすごい。うじゃうじゃいるなあ。

広告紙　このたくさんのむし（虫）たちのおかげで、なま（生）ゴミはようぶん（養分）をたっぷりふく（含）んだつち（土）にう（生）まれか（変）わるわけです。

メロン　（め（目）をかがや（輝）かせてコンポスターをのぞいていたが）かわいいむし（虫）たちねえ。（うっとりと）

わりばし　へん（変）なやつ（奴）。

メロン　はや（早）くむし（虫）がついてほしかったのよ。

弁当箱　（ごはんつぶ（粒）に）かお（顔）がわる（悪）いよ。っと、ちが（違）った、かおいろ（顔色）がわる（悪）いよ。

ごはん粒　（な（泣）きごえ（声）で）いやいや! わたし（私）、むし（虫）にたかられるのだけはいや。それだったら、やきめしになるほう（方）がまだましだわ。

弁当箱　なかにはむし（虫）にす（好）かれるやつ（奴）もいるって。

ごはん粒　そんなになるんだったら、いっそも（燃）えつ（尽）きてはい（灰）になったほうがまだましだわ。

わりばし　いやいや、そんなことはない! つち（土）になったほう（方）がむしろせけん（世間）のやく（役）にた（立）つ。

ごはん粒　　うわぁぁ。（おおごえ（大声）でな（泣）く）

あきかん　　（しだいにいらいらしてきて）やかましい!

ごはん粒　　ひっく。（おどろ（驚）いてな（泣）きやむ）

あきかん　　いいか、よくき（聞）けよ。いま（今）のおれ（俺）たちはただのゴミだけれど、まだまだやく（役）にた（立）つことができるんだ。（ごはんつぶ（粒）にむ（向）かって）なっ! そうだろ!

ごはん粒　　えっ?

あきかん　　アルミかん（缶）はリサイクル。こいつは……。（こうこくし（広告紙）をゆび（指）さす）

広告紙　　さいせいし（再生紙）になれます。

あきかん　　それそれ。（メロンのかわ（皮）とごはんつぶ（粒）に）きみ（君）たちはつち（土）にもど（戻）れるってわけだ。

メロン　　そうねえ。つち（土）になれば、またメロンにだって……そう、マスカットにだってなれるわ。そう、アレキサンドリアマスカットにき（決）めたわ。

広告紙　　やはりあなた、こうきゅう（高級）ブランドしこう（志向）ですね。

ごはん粒　　それ、ほんとう（本当）?

あきかん　　ササニシキでもコシヒカリでも……。さいきん（最近）はひとめぼれがにんき（人気）かなあ。

ごはん粒　　ふうん。（かんが（考）えている）

あきかん　　それにくら（比）べてこいつらは……（わりばしとべんとうばこ（弁当箱）をゆび（指）さして）つぶしがきかないったらありゃしない。

わりばし　　わければしげん（資源）、ま（混）ぜればゴミ。わりばしも、もとはといえばき（木）ですからね。つち（土）にだってもど

（戻）れるのさ。

あきかん　　とすると、えたい（得体）のし（知）れないやつ（奴）はおまえだけだ。（べんとうばこ（弁当箱）をゆび（指）さす）

弁当箱　　（おどろ（驚）いて)えっ? ちょっ、ちょっとま（待）てよ!

広告紙　　わたし（私）も、このべんとうばこ（弁当箱）のざいしつ（材質）がなん（何）なのか、ちょっとわからないから、かんが（考）えていたんです。

わりばし　　ええっ、かみ（紙）とはちが（違）うのかい?

あきかん　　ちが（違）う、ちが（違）う。こいつはちが（違）う。なんかにおうぞ。

わりばし、メロン、こうこくし（広告紙）、べんとうばこ（弁当箱）のまわりにあつ（集）まってにおいをかぐ。

わりばし　　どんなにおいがしますか?

広告紙　　ソーセージ!

メロン　　しお（塩）ジャケ!

わりばし　　ピンポン!それがおかずです。

あきかん　　そうじゃなくて、こいつはふつう（普通）のゴミとはちが（違）うっていてい（言）ってるの。

広告紙　　うん。これはも（燃）えるゴミではありません。

メロン　　もちろんなま（生）ゴミではないし。

広告紙　　リサイクルできるしげん（資源）ゴミでもない。

あきかん　　なま（生）ゴミでも、しげん（資源）ゴミでも、も（燃）えるゴミでもないということは……。

広告紙　　きけん（危険）！ゆうがい（有害）ゴミです。

いちどう（一同）、あわてて に（逃）げる。ごはんつぶ（粒）はコンポスターをのぞいてためいき（息）をついており、ここまでのわだい（話題）にさんか（参加）していない。

弁当箱　お、おい、ちょっとま（待）ってて! どこがきけん（危険）でどこがゆうがい（有害）なのかちゃんとせつめい（説明）しろよ。

広告紙　かみ（紙）でなければ、いったい（一体）あなたはなに（何）からできているんですか？

弁当箱　そんなこと、し（知）るわけないだろ!

広告紙　じぶん（自分）にせきにん（責任）がもてないたいど（態度）はこま（困）ります。

あきかん　しょうじき（正直）にはくじょう（白状）しろ！　このゆうがい（有害）ゴミやろう（野郎）。

弁当箱　なん（何）のことだかさっぱり。

あきかん　そんなべんかい（弁解）、せっとくりょく（説得力）ないぞ。

弁当箱　そんなあ！

ごはん粒　（コンポスターをバタンとし（閉）めて）いや！　むし（虫）にた（食）べられるのは、やっぱりいや！

わりばし　なに（何）？ きゅう（急）にかんけい（関係）ないことい（言）いだ（出）して。

ごはん粒　（おお（大）きなマッチをて（手）にして）わたし（私）、やきめしのみち（道）をえら（選）ぶ。

わりばし　おまえ、まさか……。

いちどう（一同）、おどろ（驚）きざわめく。

広告紙　ちょ、ちょっと。し（死）にいそいではいけません。まだみなさんわか（若）いんだから。ほかにもみち（道）はきっとあるはずです。もっとよくかんが（考）えてみましょう!

あきかん　そうだ! おまえ（前）、リサイクルできるゴミまでも（燃）やすき（気）か。

わりばし　いま（今）ならまだひきかえせる。

メロン　ちょっとま（待）って。でもまだこころ（心）のじゅんび（準備）が……。

ごはん粒　はかなくもみじか（短）いじんせい（人生）。ああ!びじんはくめい（美人薄命）。さようなら！

ごはんつぶ（粒）、マッチをする。いちどう（一同）、さけ（叫）びごえ（声）をあげ、あわてる。はでなおんがく（音楽）やしょうめい（照明）で、も（燃）えているようす（様子）をあらわ（表）す。ごはんつぶ（粒）、おんがく（音楽）にあ（合）わせておど（踊）る。

広告紙　も（燃）えやすいもの（物）をとお（遠）ざけてください！

メロン　も（燃）えちゃうと、おはだ（肌）のおてい（手入）れがたいへん（大変）なのよねえ。しみができないかしら。

わりばし　どこかにみず（水）はないか。みず（水）！みず（水）！（さが（探）しながらたいじょう（退場））

あきかん　あ、あっちに、の（飲）みのこ（残）しのビールがあったはずだ。

弁当箱　たんじゅん（単純）なやつ（奴）ほどすぐカッとなっても（燃）えるんだから……しまつ（始末）がわる（悪）いったらありゃしない。

いちどう（一同）、うおうさおう（右往左往）しているうちに、あきかんとべんとうばこ（弁当箱）がぶつかる。べんとうばこ（弁当箱）は、バランスをうしな（失）ってころ（転）び、ごはんつぶ（粒）にぶつかる。べんとうばこ（弁当箱）にひ（火）がうつる。

弁当箱　あっ!しまった。（ごはんつぶ（粒）といっしょにおんがく（音楽）にあ（合）わせておど（踊）りはじ（始）める）

ごはん粒　やっぱり、わたし（私）たちうんめいきょうどうたい（運命共同体）だったのね。うれしい。

弁当箱　かって（勝手）にき（決）めつけるな。

広告紙　じんせい（人生）には、よそうがい（予想外）のできごと（出来事）がつきものですね。だってい（言）うじゃないですか。「じんせい（人生）にはみっ（三）つのさか（坂）がある。のぼ（登）りざか（坂）にくだ（下）りざか（坂）、それにまさか」って。

あきかん　それはともかく、あいつ、ちゃんとも（燃）えるのか？

広告紙　さあ……。（くび（首）をかしげてかんが（考）えている）

わりばしがバケツをさげてとうじょう（登場）。

わりばし　バッシャーン。（みず（水）をかけるしぐさ、かみふぶき（紙吹雪）をい（入）れてもよい）

ごはん粒・弁当箱　うわあ、つめ（冷）たい！

おんがく（音楽）がと（止）まり、ごはんつぶ（粒）とべんとうばこ（弁当箱）はおど（踊）るのをやめる。
ひ（火）がき（消）えたようす（様子）。

あきかん　き（消）えたか？

ごはん粒　（かな（悲）しそうに）やきめしのみち（道）は、け（消）されてしまったわ。

ゆっくりとしてぶきみ（不気味）なおんがく（音楽）がきこえ（聞）えはじ（始）める。べんとうばこ（弁当箱）はそれにあ（合）わせて、ゆらゆらとからだ（体）をうご（動）かしている。ゆうどく（有毒）ガスがあたりにたちこめる。

わりばし　み（見）ろ！ なに（何）かへん（変）だぞ。

あきかん　うわあー！ ガスがで（出）てる。

一同　ガス？

広告紙　ああっ、 わかった！

一同　なに（何）が？

広告紙　こいつのしょうたい（正体）ですよ。

一同　そのこた（答）えは？

広告紙　はっぽう（発泡）スチロール。

一同　はっぽう（発泡）スチロール？ なに（何）、 それ？

広告紙　（ちから（力）がぬ（抜）けて）みなさん、 ごぞん（存）じないのですか？

一同　ぜーんぜん。

広告紙　はっぽう（発泡）スチロールやプラスチックは、 せきゆ（石油）をげんりょう（原料）につく（作）られます。

メロン　せきゆ（石油）ならも（燃）えるでしょ。

広告紙　はっぽう（発泡）スチロールがも（燃）えると、ゆうどく（有毒）ガスがで（出）ます。

一同　ええっ、 ゆうどく（有毒）ガス？

とつぜん（突然）、テンポのはや（速）いおんがく（音楽）にか（変）わる。べんとうばこ（弁当箱）はガスをふ（振）りまくように、あちらこちらとおんがく（音楽）にあ（合）わせてうご（動）きまわる。 ゴミたち、くる（苦）しみはじ（始）める。くび（首）やむね（胸）をお（押）さえながら、つぎつぎ（次々）とたお（倒）れる。 とつぜん（突然）、おんがく（音楽）がと（止）まる。ゴミたち、ストップモーション。

あきかん　（くる（苦）しんでいたが、ふとわれ（我）にかえ（返）り）あれ？ なん（何）でゆうどく（有毒）ガスでゴミがくる（苦）しむわけ？

一同　(くちぐち（口々）に) えっ？ あっ、 そうか。 そうだ。 ばかな。

ごはん粒　わたし（私）たち、 なに（何）をしていたのかしら。

メロン　は（恥）ずかしいわ。

わりばし　ゆうどく（有毒）ガスは？

弁当箱　(やさ（優）しく、ゆったりとしたふんいき（雰囲気）で) ずーっとむ（向）こうへなが（流）れてい（行）ったわ。

わりばし　む（向）こうって、 まち（町）のほうがく（方角）じゃないか。

あきかん　おまえ、 わる（悪）いガスがぬ（抜）けて、 せいかく（性格）がか（変）わったんじゃない？それにたいけい（体型）も、ちょっとスリムになったみたい。

弁当箱　うん、 そうみたい。

広告紙　やはり、 も（燃）やしてはいけないゴミだったのですね。

ごはん粒　このあたりにもに（似）てるやつがたくさんあるけれど、いいのかしら。(と、ヌードルのからようき（空容器）やプラスチックのい（入）れもの（物）をみ（見）せる。)

広告紙　そういうプラスチックがも（燃）えると、 がん（癌）になるダイオキシンていうこわーいガスがで（出）るんです。

一同　ええっ、 こわーい。

わりばし　も（燃）えうつ（移）らなくてよかったなあ。

広告紙　どっちみち、も（燃）やされるゴミですからおな（同）じこと（事）です。

いちどう（一同）、 それぞれかんが（考）えている。 そこへ、トラックのとうちゃく（到着）するおと（音）。

あきかん　(はらた（腹立）たしげに) また、あたら（新）しいゴミがはこ（運）ばれてきたのか。

メロン　おでむか（出迎）えしましょう。

ごはん粒　うん！ かっこいいのがいるかもね。

メロンのかわ（皮）とごはんつぶ（粒）、 かみて（上手）にたいじょう（退場）。

わりばし　でも、これいじょう（以上）ふ（増）えると、ちょっとせま（狭）いようなき（気）がする……。

広告紙　さいきん（最近）はどこのゴミしょりじょう（処理場）もかみつ（過密）らしいですからね。

わりばし　ぜんぶ（全部）いっぱいになったら、どこへす（捨）てるつもりなのかな。

広告紙　ちきゅう（地球）がダメなら……たいよう（太陽）へはこ（運）んでも（燃）やすってのはどうでしょう。

あきかん　まーたまた、ゆめ（夢）みたいなことをい（言）っちゃって。

わりばし　どうせ、 こだいこうこく（誇大広告）だろ。 はなしはんぶん（話半分）にき（聞）いておきましょう。

かみて（上手）てんじょう（天井）からふくらんだゴミぶくろ（袋）が、ふたた（再）びたいりょう（大量）にふ（降）ってくる。

あきかん　らんぼう（乱暴）だな。

わりばし　すんごいりょう（量）だ。

広告紙　きょう（今日）いちにち（一日）で、ここはいっぱいになるはずです。

わりばし　ええっ、 それほんとう（本当）？

ごはんつぶ（粒）が、 ゴミぶくろ（袋）をひと（一）つズルズルとひ（引）きずって、かみて（上手）よりとうじょう（登場）。

ごはん粒　ぜんぜん（全然）だめだわ。こんかい（今回）はふさく（不作）ね。

弁当箱　メロンは？

ごはん粒　どこかのおじさまとしゃべってるわよ。

わりばし　えんじょこうさい（援助交際）するのかな。

そだい（粗大）ゴミがな（投）げこ（込）まれる。

広告紙　あれ、へん（変）なゴミだなあ。

弁当箱　おい、ちょっとみ（見）てみろよ。ほんもの（本物）のにんげん（人間）じゃない？

粗大ゴミ　おれ、ゴミじゃない。にんげん（人間）だよ。でもまあ、かいしゃ（会社）にす（捨）てられ、かぞく（家族）にもみはな（見離）され、ゆ（行）きつ（着）くさき（先）は、ゴミしょりじょう（処理場）。こんなんじゃ、あなたたちのほう（方）が、よっぽどしあわ（幸）せだよ。

メロン　たしかに、おっしゃるとおりかも。だってわたし（私）たち、これからさいせい（再生）されて、またあたら（新）しいせいかつ（生活）が、はじまるんですもの。

粗大ゴミ　じゃあ、おれは、これから、どうなるってい（言）うんだ。ああ、ホントのゴミにう（生）まれたかったあ。

ごはん粒　さいきん（最近）、おく（奥）さんにす（捨）てられたひと（人）。そだい（粗大）ゴミだってい（言）ってたわ。となると、あいつは　やっぱりゴミってわけか。

わりばし　いやあ、も（燃）えないゴミとしてす（捨）てられたのかもよ。……　ところでそれは？

ごはん粒　ああ、これ？なに（何）かみ（見）たこと（事）ないものだけど。めずらしいからも（持）ってきちゃった……。

あきかん　また、どうせへん（変）なものだろう。

ごはん粒　（ふくろ（袋）をあ（開）けてちゅうしゃき（注射器）をと（取）りだ（出）し）ほら！

広告紙　それはびょういん（病院）のゴミでしょう。いりょうはいきぶつ

（医療廃棄物）じゃない。びょうげんきん（病原菌）やウィルスにおせん（汚染）されているから、ちょうきけん（超危険）です。

一同　えーっ！

みんなあわててに（逃）げる。ごはんつぶ（粒）、ちゅうしゃき（注射器）をも（持）ってうろうろする。

ごはん粒　もう、どうなってるの。

わりばし　どこかほかへす（捨）ててこい。

ごはん粒　ほかってどこよ。

あきかん　なん（何）とかしてくれ！

一同　もう！ごちゃまぜにしないで、きちんとわ（分）けてす（捨）ててよね！

粗大ゴミ　おく（奥）さん、す（捨）てないで!

おんがく（音楽）、しだいにおお（大）きくテンポがはや（速）くなる。まく（幕）と（閉）じる。

1. ゴミたちの環境サミット

[본문편]

キャスト	
あきかん	ビールがよい
ごはん粒	アキタコマチ
わりばし	
弁当箱	コンビニ弁当の使い捨て容器
広告紙	
メロンの皮	
粗大ゴミ	

時　現代

所　ある町はずれの処理場

舞台　全体に奥へいくほどだんだん高くなる。下手は上手より少し高くする。舞台全体に雑然とゴミが散乱している。ふくらんだゴミ袋、雑誌類や新聞紙の束、あきかん、段ボール箱、壊れた鍋やイス、家具、鏡等、いろいろな種類のゴミを配置する。上手にコンポスター。下手に、広告紙がゴミ袋のなかに隠れている。

ゆっくりとした軽妙な音楽とともに幕が開く。

下手奥の高い所で漫画を読んでいたあきかんは、大きなあくびをした後寝てしまう。トラックが近づいて止まる音。上手天井から膨らんだゴミ袋が、大量に降ってくる。すぐ、わりばしがくるくる回りながら登場。続いて、弁当箱とごはん粒が登場。ごはん粒は弁当箱にしがみついている。弁当箱は、ごはん粒をふりほどこうとして、ついに足がもつれて転ぶ。わりばしはぶつかりそうになって、あわててとびのく。

弁当箱 いたたた! 痛い痛い。 おい、ちょっと離れろよ!

ごはん粒 しかたないでしょ。 お弁当箱にぴったりついたごはん粒。私たち、運命共同体なの。

わりばし ああ、 運命か……。 一回きりでぽい捨てされるのが、 わりばしの運命とはいえ、 これじゃなんだかむなしいよ……。

弁当箱 ちょっと、 重いな、 このごはん粒。 あっちこっちべたべたするなって。

ごはん粒 あら、こう見えても私って、 ふっくらかわいい、 粘り強さがとりえのアキタコマチよ。

わりばし コンビニ弁当の米がアキタコマチだって? 嘘も休み休み言ってくれよ。

ごはん粒 何言ってるの。 よく見なさいよ、このつやとはり。(と、頬をつきだし)新米よ。 し・ん・ま・い。

わりばし 新米? それにしては、 こじわがいっぱいあるなあ。

ごはん粒 う、うそぉ! (あわてて鏡をのぞきこむ)

弁当箱 (ついにたまりかねて) いいかげんに離れろ! (ごはん粒をつきとばす)

ごはん粒 (転んで) 痛い! かわいい私が、 どうしてこんな目にあわなくちゃいけないの。

弁当箱 (体についている小さいごはん粒を取って、まわりに投げながら)ったく最近の若いモンときたら、 ごはん粒が残ってても、 気にもしないんだから。 あっ、 ここにも、 ほら、 ここにもあるじゃないか!

わりばし (ご飯粒をよけながら) おいおい、 あっちこっちとばさないでくれよ。汚いな。

ごはん粒 とうとうゴミになっちゃったのね。

わりばし ああ、間伐材からこんな姿になっちゃって、 ついにゴミ箱で成仏なさるとは。（拝む）

ごはん粒 成仏? それってどういう事? 私達、 これからどうなるって言うの?

わりばし どうなるのって、 ゴミは燃えて灰になっちまうに決まっているだろ。それが私たちの運命さ。

ごはん粒 ええっ?

弁当箱 知らなかったのか?

ごはん粒 （半泣きの顔で）うん。

わりばし やっぱりお前さん、 新米だな。 世の中のことがまるで分かってない……。

ごはん粒 （大声でわめく）いやよ、 いやいや。 焼かれるなんてあんまりだわ!

弁当箱 人生にはあきらめがかんじん。

ごはん粒 こうなる前に、 せめて燃えるような恋がしたかったのに。

弁当箱 後悔先に立たず。 昔のことは、 もう忘れて。

ごはん粒 （泣きながら）いやいや、 やきめしになるなんて、 絶対にいやよ。

わりばし いまさらじたばたしたって 、 どうなるもんでもないだろ。

弁当箱 （泣いているごはん粒に）そうそう、 どうせ、 残り少ない命なんだから。 泣いてなんかいないで、 最後にパーッと騒いでやろうぜ。

弁当箱は、ごはん粒やわりばしを誘って踊り出す。軽快で陽気な音楽。泣いていたごはん粒も、だんだん体が動き始める。しだいに盛り上がり、音楽も大きくなる。

あきかん　(たまりかねて起き上がり) やかましい!

音楽止まる。弁当箱たちは、驚いて踊るのをやめる。

あきかん　(立ち上がりながら)さっきから黙って聞いてりゃ、焼かれたくない? 恋がしたかった? 往生際が悪すぎるってゆーんだよ!。

弁当箱　(身構えて)な、なんだきさまは?

ごはん粒　あなた、誰?

リズミカルな音楽。あきかん、音楽に合わせてかっこよく踊る。音楽が止まる。

あきかん　(最後のポーズを決めて) 僕はあきかんさ。君たち、新入りのようだね。

ごはん粒　キャーすてき! かっこいいわあ。うっとり。

あきかん　君、なかなかいいセンスしてるじゃないか。

ごはん粒　ええ、ほんと! キャーうれしい。(あきかんに近づく)

弁当箱　最近の女の子って、ああいうのが趣味なのか?

わりばし　あいつ、ぱっと見は派手でかっこいいけど、中身は空っぽですよ。

弁当箱　うん、いかにも軽い感じだ。

あきかん　これからの時代、センスを磨かないと。根性だけでは生きていけないよ。

弁当箱　センスか。(破れた扇子を拾ってみせる) はい!

あきかん　(扇子で弁当箱の頭をたたき) これは扇子!

わりばし　(リンスの空容器を拾ってみせる) はい!

あきかん　(受け取った容器を投げ返し) これはリンス!

弁当箱　(粗大ゴミのタンスを持ってきて) はい!

あきかん　これはタンス! えーい君達、 ぼくをばかにしているのか?

弁当箱・わりばし　はい! (あわてて首を振り) い、いや、 めっそうもない。

ごはん粒　(いつのまにかあきかんにくっついていて) 関係ないのはほっといて。それよりもねえ、 あっちでゴミニケーションでもしましょうよ。 ところであなた、 趣味はなあに? (あきかんをひっぱっていく)

あきかん　えっ、 (少し困って) しかしやけにべたべたするやつだなあ。

ごはん粒　アキタコマチですもの。 ねねね、 好きな女の子のタイプは?

あきかん　しつこいのはダメダメ。 ドライが売れる時代だから……。(と、ごはん粒を引き離す)

ごはん粒、 勢いよくとばされ、 広告紙の入っているゴミ袋にぶつかる。 (広告紙は、最初からゴミ袋の中に入っていて、気づかれないようにじっとすわっている)

広告紙　いたッ! 誰ですか? 今ぶつかったのは….。(ゴミ袋から顔を出し、立ち上がる)

ごはん粒　ご、 ごめんなさい。 (驚いて、 あわてて逃げる)

突然、広告紙が現れたので、一同驚いて身構える。

広告紙　私はあやしい者ではありません。同じゴミです。仲間ですよ。

あきかん　おい! 脅かさないでくれよ。

わりばしとごはん粒は、広告紙の体のあちこちについている広告を読み始める。

わりばし　「限りある資源を大切に.......政府広告機構。」

ごはん粒　牛肉特売、......アキタコマチ大特価？　失礼しちゃうわね、まったく！

弁当箱　なんだ折り込み広告の紙か。

広告紙　そうです。　こうして同じゴミ捨て場で会ったのも何かの御縁。ま、よろしくお願いします。

ごはん粒　そうよ。やっぱり縁を大切にしないと、ねえ......。(と、あきかんに近寄る)

あきかん　え、　遠慮するよ。(すばやく逃げる)

広告紙　あれ、　そのスタイルは、　もしかしてあきかん？

あきかん　「こくがあるのにきれがある。のどごしさわやか、ビールがうまい。」(と、ポーズ)

広告紙　ここは燃えるゴミの来るところです。　燃えないゴミはあっちだよ、あっち。(と、　下手を指さす)

あきかん　えっ？

弁当箱　そうそう。　なんか変だと思ってたんだ。

わりばし　こんなのがいるから、　困るんだよね。

弁当箱　(突然、関西弁になって)ちょっとそこのにいちゃん。　ここは燃えるゴミのなわばりや。　誰にことわって商売してんねん。

わりばし　かっ、　関西の御出身だったんですか。

あきかん　(持っていたあきかんをたたきつけ)やかましい！ ここは天下のゴミ捨て場。　どこにいようが他人に文句言われる筋合いはないね。

弁当箱　なんやと。　おとなしく引き下がらんかい。

あきかん　君の指図は受けないし、 その必要もない。 第一、 ここでは俺様の方が先輩だろう。

ごはん粒とわりばし、にらみあう二人の間に割ってはいる。

わりばし　(弁当箱に)もういいだろ。 そうかたいこと言わなくても。

ごはん粒　これも、 みんな私のせいよ。 美しすぎるって罪なのね。

わりばし　かん違いもここまでくるとりっぱだな。

広告紙　それはそうと、 アルミ缶ですか? スチール缶ですか。

あきかん　はあ?

広告紙　(磁石を取り出し、 あきかんの背中に当てて)あっ、アルミ缶です。磁石にもつかないし、お尻も銀色。いや、まちがいなし。

あきかん　アルミ缶?

広告紙　アルミ缶一個リサイクルにまわすと、 テレビ四時間半見られるだけの電気を節約できるんです。

弁当箱　えーっ、もったいない。

一同　アルミ缶はリサイクルへ! (あきかんを指さす)

広告紙　リサイクルへまわす前に小さくつぶさないといけません。 みなさん、一緒につぶしましょう。

あきかん　えーっ、 そんなばかな…… 。

あきかん、 思わず逃げだす。 一同、それを追いかける。軽快でにぎやかな音楽。

一同、 舞台中を楽しい雰囲気で走り回る。 と、 突然パンパンとはじけるような音。

一同、 口々に叫び声をあげ、 その場に体を伏せる。

音楽が止まり、 静かになる。

ごはん粒 (おびえて) な、 何? 今の音?

あきかん たぶん、 爆竹だろ。

一同 爆竹?

あきかん 時々あるんだよ。 花火やスプレー缶がそのまま捨てられるから、爆発でえらい目に会うこともある。

弁当箱 (あたりを見回して)よく見ると、 ここはひどいところだなあ。何しろ汚いし、 くさいし……。

広告紙 一応、 ゴミ処理場ですから。

弁当箱 ここには燃えるゴミしか来ちゃいけないんだろ?

広告紙 そうです。

弁当箱 それなのにこれ見ろよ。ガラスがある。鍋もある。そしてアルミ缶までいるじゃないか。 (指さす)

一同 アルミ缶はリサイクルへ!

広告紙 リサイクルすれば、 この牛乳パック五枚でトイレットペーパーが一個できるんですよ。

一同 (小さい声で)ええっ、 そんな! トイレットペーパーが一個! すごい!

わりばし えっ、本当? じゃあ燃やしたらもったいないよ。

広告紙 そう、その通り。いいですか皆さん! ここにあるゴミのうち、本当のゴミってわずかなんですよ。

弁当箱 ゴミじゃなかったらいったい何だっていうんだ?

広告紙 資源です。

ごはん粒 ねえ、見て! このアルミ缶、やけに重たいわ。 どうして? (舞台奥の乾電池を持ってくる。)

みんな乾電池のまわりに集まってくる。

弁当箱　一・五ボルトって書いてある。これって、何の意味?

広告紙　(あわててとびのいて)そ、それは乾電池です。危険ですから触らないで!。

ごはん粒　えーっ、どういう事?

広告紙　その中には水銀が入っているんですよ。水銀は毒物です!

一同、あわてて逃げる。

弁当箱　(ごはん粒に)あ、あっちに捨ててこい。

ごはん粒　ええっ、私が?

ごはん粒、しかたなく乾電池を持って上手に退場。

わりばし　だったら、ここは有害ゴミまで、混ざってるってわけ?

広告紙　何でもありの状況ですよ。ハッキリ言って……。

弁当箱　節操のないゴミ捨て場だなあ。まったく!

上手より、ごはん粒がいやがるメロンの皮を、むりやり引っ張ってくる。

ごはん粒　おい、見かけないのがいるよ。

弁当箱　(メロンの肩に手をかけて)おまえ、何者?

メロン　(肩の手を振り払って)ちょっと!　気安く、さわらないでくれる!

弁当箱　何!

わりばし　(指さして) あれ、 何?

あきかん　さあ、 君知ってるか?

弁当箱　見たことないなあ。

メロン　見たことないって、 まったく失礼しちゃうわ。 …….でもまあ、 上流の方でなければご存じないかもね。

広告紙　(しばらく考えていたが) あれは、 メロンの皮です。

弁当箱　メロン?

メロン　(いやみたっぷりに) コンビニ弁当には、 ぜーったいに登場しない高級果物ですわ。

弁当箱　こいつ、 やっつけたろか!

メロン　まあ、 こわい。

わりばし　腹がたつと、 関西人になるんですね。

ごはん粒　(広告紙の体の広告を見て) メロン特価、 2000円じゃないの!

一同　高-い。

メロン　当然ですわ。 高級ですもの。

一同　もったいな-い。

メロン　わたくし、 上品な果物ですの。

一同、 メロンを無視して輪になり、 盛り上がる。

わりばし　皮まで食べないともったいないね。

広告紙　スイカは、 英語でウォーターメロンです。

弁当箱　なんだ、 スイカの親戚か。

広告紙　(しばらく考えていたが) ちょっと待ってください。 (一同が静まってから) ここは、 燃えるゴミの来るところ。 メロンの皮は、 食べ残しですから生ゴミに分別されるはずです。

メロン　あなた、この美しい私が、ゴミですって? 一体どういうつもり?

弁当箱　じゃ、こいつは? (と、ごはん粒を押し出す)

広告紙　彼らも、しょせん食べ残しですから。

一同　生ゴミ!

ごはん粒　生ゴミはどうなるの? やきめしにならなくてもいいの?

広告紙　(上手のコンポスターを指さし) 生ゴミは、あのコンポスターの中でコンポストになるのがエコロジックとされています。

メロン・ごはん粒　コンポスト? (コンポスターに近づく)

あきかん　エコ……て、何?

広告紙　まあ、ひとことで言えば、地球に優しい生き方っていうところですかね。

ごはん粒　(コンポスターをのぞき込み) ぎゃあー! (驚いて飛び退き、ふるえて)な、何、これ。

広告紙　コンポスト、つまり堆肥です。

ごはん粒　でも、変な虫がいっぱい。ああ、気持ち悪い。(身震いをする)

わりばし　(コンポスターをのぞき込み) へえー、これはすごい。うじゃうじゃいるなあ。

広告紙　このたくさんの虫たちのおかげで、生ゴミは養分をたっぷり含んだ土に生まれ変わるわけです。

メロン　(目を輝かせてコンポスターをのぞいていたが) かわいい虫たちねえ。(うっとりと)

わりばし　変な奴。

メロン　早く虫がついてほしかったのよ。

弁当箱　(ごはん粒に) 顔が悪いよ。っと、違った、顔色が悪いよ。

ごはん粒　(泣き声で)いやいや! 私、虫にたかられるのだけはいや。それだったら、やきめしになる方がまだましだわ。

弁当箱　なかには虫に好かれる奴もいるって。

ごはん粒　そんなになるんだったら、いっそ燃え尽きて灰になったほうがまだましだわ。

わりばし　いやいや、そんなことはない! 土になった方がむしろ世間の役に立つ。

ごはん粒　うわぁぁ。(大声で泣く)

あきかん　(しだいにいらいらしてきて) やかましい!

ごはん粒　ひっく。(驚いて泣きやむ)

あきかん　いいか、よく聞けよ。今の俺たちはただのゴミだけれど、まだまだ役に立つことができるんだ。(ごはん粒に向かって) なっ! そうだろ!

ごはん粒　えっ?

あきかん　アルミ缶はリサイクル。こいつは……。(広告紙を指さす)

広告紙　再生紙になれます。

あきかん　それそれ。(メロンの皮とごはん粒に)君たちは土に戻れるってわけだ。

メロン　そうねえ。土になれば、またメロンにだって……そう、マスカットにだってなれるわ。そう、アレキサンドリアマスカットに決めたわ。

広告紙　やはりあなた、高級ブランド志向ですね。

ごはん粒　それ、本当?

あきかん　ササニシキでもコシヒカリでも……。最近はひとめぼれが人気かなあ。

ごはん粒　ふうん。(考えている)

あきかん　それに比べてこいつらは……(わりばしと弁当箱を指さして)つぶし

がきかないったらありゃしない。

わりばし わければ資源、混ぜればゴミ。 わりばしも、もとはといえば木ですからね。 土にだって戻れるのさ。

あきかん とすると、 得体の知れない奴はおまえだけだ。（弁当箱を指さす）

弁当箱 （驚いて）えっ? ちょっ、 ちょっと待てよ!

広告紙 私も、 この弁当箱の材質が何なのか、 ちょっとわからないから、考えていたんです。

わりばし ええっ、 紙とは違うのかい?

あきかん 違う、 違う。 こいつは違う。 なんかにおうぞ。

わりばし、 メロン、 広告紙、 弁当箱のまわりに集まってにおいをかぐ。

わりばし どんなにおいがしますか?

広告紙 ソーセージ!

メロン 塩ジャケ!

わりばし ピンポン!それがおかずです。

あきかん そうじゃなくて、 こいつは普通のゴミとは違うって言ってるの。

広告紙 うん。 これは燃えるゴミではありません。

メロン もちろん生ゴミではないし。

広告紙 リサイクルできる資源ゴミでもない。

あきかん 生ゴミでも、資源ゴミでも、燃えるゴミでもないということは……。

広告紙 危険! 有害ゴミです。

一同、 あわてて逃げる。ごはん粒はコンポスターをのぞいてため息をついており、 ここまでの話題に参加していない。

弁当箱 お、 おい、 ちょっと待ってて! どこが危険でどこが有害なのかちゃんと説明しろよ。

広告紙 紙でなければ、 一体あなたは何からできているんですか？

弁当箱 そんなこと、知るわけないだろ!

広告紙 自分に責任がもてない態度は困ります。

あきかん 正直に白状しろ！ この有害ゴミ野郎。

弁当箱 何のことだかさっぱり。

あきかん そんな弁解、 説得力ないぞ。

弁当箱 そんなあ！

ごはん粒 (コンポスターをバタンと閉めて) いや！ 虫に食べられるのは、やっぱりいや！

わりばし 何？ 急に関係ないこと言い出して。

ごはん粒 (大きなマッチを手にして) 私、 やきめしの道を選ぶ。

わりばし おまえ、 まさか……。

一同、 驚きざわめく。

広告紙 ちょ、 ちょっと。 死にいそいではいけません。 まだみなさん若いんだから。 ほかにも道はきっとあるはずです。 もっとよく考えてみましょう!

あきかん そうだ! お前、 リサイクルできるゴミまで燃やす気か。

わりばし 今ならまだひきかえせる。

メロン ちょっと待って。 でもまだ心の準備が……。

ごはん粒 はかなくも短い人生。 ああ!美人薄命。 さようなら！

ごはん粒、 マッチをする。 一同、 叫び声をあげ、あわてる。はでな音楽や照明で、 燃えている様子を表す。 ごはん粒、 音楽に合わせて踊る。

広告紙 燃えやすい物を遠ざけてください！

メロン 燃えちゃうと、 お肌のお手入れが大変なのよねえ。 しみができないかしら。

わりばし どこかに水はないか。 水！ 水！ (探しながら退場)

あきかん あ、 あっちに、 飲み残しのビールがあったはずだ。

弁当箱 単純な奴ほどすぐカッとなって燃えるんだから……始末が悪いったらありゃしない。

一同、 右往左往しているうちに、 あきかんと弁当箱がぶつかる。 弁当箱は、 バランスを失って転び、 ごはん粒にぶつかる。 弁当箱に火がうつる。

弁当箱 あっ! しまった。 (ごはん粒といっしょに音楽に合わせて踊り始める)

ごはん粒 やっぱり、 私たち運命共同体だったのね。 うれしい。

弁当箱 勝手に決めつけるな。

広告紙 人生には、予想外の出来事がつきものですね。だって言うじゃないですか。「人生には三つの坂がある。登り坂に下り坂、それにまさか」って。

あきかん それはともかく、 あいつ、 ちゃんと燃えるのか？

広告紙 さあ………。 (首をかしげて考えている)

わりばしがバケツをさげて登場。

わりばし　バッシャーン。（水をかけるしぐさ、　紙吹雪を入れてもよい）

ごはん粒・弁当箱　うわあ、　冷たい！

音楽が止まり、　ごはん粒と弁当箱は踊るのをやめる。

火が消えた様子。

あきかん　消えたか？

ごはん粒　（悲しそうに）やきめしの道は、　消されてしまったわ。

ゆっくりとして不気味な音楽が聞え始める。

弁当箱はそれに合わせて、ゆらゆらと体を動かしている。

有毒ガスがあたりにたちこめる。

わりばし　見ろ！　何か変だぞ。

あきかん　うわあー！ ガスが出てる。

一同　ガス？

広告紙　ああっ、　わかった！

一同　何が？

広告紙　こいつの正体ですよ。

一同　その答えは？

広告紙　発泡スチロール。

一同　発泡スチロール？　何、　それ？

広告紙　（力が抜けて）みなさん、　ご存じないのですか？

一同　ぜーんぜん。

広告紙　発泡スチロールやプラスチックは、 石油を原料に作られます。

メロン　石油なら燃えるでしょ。

広告紙　発泡スチロールが燃えると、 有毒ガスが出ます。

一同　ええっ、 有毒ガス？

突然、テンポの速い音楽に変わる。弁当箱はガスを振りまくように、あちらこちらと音楽に合わせて動きまわる。ゴミたち、苦しみ始める。

首や胸を押さえながら、 次々と倒れる。 突然、 音楽が止る。ゴミたち、 ストップモーション。

あきかん（苦しんでいたが、ふと我に返り） あれ？ 何で有毒ガスでゴミが苦しむわけ？

一同　（口々に） えっ？ あっ、 そうか。 そうだ。 ばかな。

ごはん粒　私たち、 何をしていたのかしら。

メロン　恥ずかしいわ。

わりばし　有毒ガスは？

弁当箱　（優しく、 ゆったりとした雰囲気で） ずーっと向こうへ流れて行ったわ。

わりばし　向こうって、 町の方角じゃないか。

あきかん　おまえ、 悪いガスが抜けて、性格が変わったんじゃない？ それに体型も、 ちょっとスリムになったみたい。

弁当箱　うん、 そうみたい。

広告紙　やはり、 燃やしてはいけないゴミだったのですね。

ごはん粒　このあたりにも似てるやつががたくさんあるけれど、 いいのかしら。（と、 ヌードルの空容器やプラスチックの入れ物を見せる。）

広告紙 そういうプラスチックが燃えると、 癌になるダイオキシンていうこわーいガスが出るんです。

一同 ええっ、 こわーい。

わりばし 燃え移らなくてよかったなあ。

広告紙 どっちみち、 燃やされるゴミですから同じ事です。

　　一同、 それぞれ考えている。 そこへ、 トラックの到着する音。

あきかん （腹立たしげに） また、 新しいゴミが運ばれてきたのか。

メロン お出迎えしましょう。

ごはん粒 うん！ かっこいいのがいるかもね。

　　メロンの皮とごはん粒、 上手に退場。

わりばし でも、 これ以上増えると、 ちょっと狭いような気がする……。

広告紙 最近はどこの処理場も過密らしいですからね。

わりばし 全部いっぱいになったら、 どこへ捨てるつもりなのかな。

広告紙 地球がダメなら……太陽へ運んで燃やすってのはどうでしょう。

あきかん まーたまた、 夢みたいなことを言っちゃって。

わりばし どうせ、 誇大広告だろ。 話半分に聞いておきましょう。

　　上手天井からふくらんだゴミ袋が、 再び大量に降ってくる。

あきかん 乱暴だな。

わりばし すんごい量だ。

広告紙　今日一日で、ここはいっぱいになるはずです。

わりばし　ええっ、それ本当？

ごはん粒が、ゴミ袋を一つズルズルと引きずって、上手より登場。

ごはん粒　全然だめだわ。今回は不作ね。

弁当箱　メロンは？

ごはん粒　どこかのおじさまとしゃべってるわよ。

わりばし　援助交際するのかな。

粗大ゴミが投げ込まれる。

広告紙　あれ、変なゴミだなあ。

弁当箱　おい、ちょっと見てみろよ。本物の人間じゃない?

粗大ゴミ　おれ、ゴミじゃない。人間だよ。でもまあ、会社に捨てられ、家族にも見離され、行き着く先は、ゴミ処理場。こんなんじゃ、あなたたちの方が、よっぽど幸せだよ。

メロン　たしかに、おっしゃるとおりかも。だって私たち、これから再生されて、また新しい生活が、はじまるんですもの。

粗大ゴミ　じゃあ、おれは、これから、どうなるって言うんだ。ああ、ホントのゴミに生まれたかったあ。

ごはん粒　最近、奥さんに捨てられた人。粗大ゴミだって言ってたわ。となると、あいつはやっぱりゴミってわけか。

わりばし　いやあ、燃えないゴミとして捨てられたのかもよ。……ところでそれは？

ごはん粒　ああ、 これ？何か見た事ないものだけど。めずらしいから持ってきちゃった……。

あきかん　また、 どうせ変なものだろう。

ごはん粒　(袋を開けて注射器を取り出し) ほら！

広告紙　それは病院のゴミでしょう。 医療廃棄物じゃない。 病原菌やウィルスに汚染されているから、 超危険です。

一同　えーっ！

みんなあわてて逃げる。 ごはん粒、注射器を持ってうろうろする。

ごはん粒　もう、 どうなってるの。

わりばし　どこかほかへ捨ててこい。

ごはん粒　ほかってどこよ。

あきかん　何とかしてくれ！

一同　もう！ ごちゃまぜにしないで、 きちんと分けて捨ててよね！

粗大ゴミ　奥さん、 捨てないで!

音楽、 しだいに大きくテンポが速くなる。
幕閉じる。

(이 작품은 쓰레기 분리수거를 위한 홍보작으로, 10분 정도 분량의 秦比左子의 「ゴミたちの環境サミット」를 30분 정도 길이로 저자가 개작한 것임)

2. じゅみょうはんだん(寿命判断)

[발음편]

キャスト	
小　川(外科医)	おがわ(げかい)
辺　見	へんみ
とら子(小川の妻)	とらこ(おがわのつま)
田　村(看護婦)	たむら(かんごふ)
佐　藤(看護婦)	さとう(かんごふ)
鈴　木(看護婦)	すずき(かんごふ)
救急患者	きゅうきゅうかんじゃ
その妻	そのつま
労働者(患者の友人)	ろうどうしゃ(かんじゃのゆうじん)
警　官	けいかん

場所　(ばしょ)　びょういん（病院）のさんがい（三階）にある、げか（外科）のがいらいしんさつしつ（外来診察室）としょちしつ（処置室）。

時（とき）　ごご（午後）からよる（夜）にかけて。

舞台（ぶたい）　む（向）かってみぎ（右）にしんさつしつ（診察室）ひだり（左）にしょちしつ（処置室）。そのあいだ（間）にはカーテンがさが（下）っている。しんさつしつ（診察室）のみぎて（右手）にろうか（廊下）へのでいりぐち（出入口）。しょうめんおく（正面奥）はベランダになっている。しょちしつ（処置室）のひだりてまえ（左手前）にでいりぐち（出入口）。そのおく（奥）にしゅじゅつしつ（手術室）へのドア。しょちしつ（処置室）にはかんたん（簡単）なベッド、リンゲル、さんそきゅうにゅう（酸素吸入）などがおいてある。しんさつしつ（診察室）にはつくえ（机）、いす（椅子）、ソファー、そのほかてきとう（適当）にはいち（配置）する。えだ（枝）ぶりのうつく（美）しい"こめつが"のうえきばち（植木鉢）がしんさつしつ（診察室）においてある。

まく（幕）あ（開）くと、しんさつしつ（診察室）でかんごふ（看護婦）のたむら（田村）とさとう（佐藤）がつくえ（机）にむか（向）ってカルテのせいり（整理）をしている。

しょちしつ（処置室）のベッドのそばに、ろうどうしゃふう（労働者風）のおとこ（男）が、じっとすわ（座）ってま（待）っているかん（感）じ。

しゅじゅつしつ（手術室）のドアのうえ（上）のあか（赤）ランプがついて、しゅじゅつちゅう（手術中）のもじ（文字）がう（浮）んでいる。

しんさつしつ（診察室）のみぎて（右手）のドアから、へんみさぶろう（辺見三郎）が、ちい（小）さなケースをかかえてか（駆）けこんでくる。

辺見　こんにちは。

田村　まあ、へんみせんせい（辺見先生）じゃありませんか。

辺見　せんせい（先生）は？

田村　おがわせんせい（小川先生）は、きゅうかん（急患）で、いま（今）しゅじゅつしつ（手術室）へおはいりになりました。

辺見　しゅじゅつ（手術）？そいつはこま（困）ったな。どのくらいかかりますか。

田村　いちじかん（一時間）くらいでおわ（終）るとおも（思）います。

辺見　やれやれ。（ほっとする）ま（待）たせてもらいますよ。

田村　せんせい（先生）、なん（何）ですか、それ？

辺見　（ケースからちい（小）さなキカイをだ（出）してみ（見）せる）にんげん（人間）のせいめい（生命）のかず（数）をけいさん（計算）するコンピューターですよ。

佐藤　（おどろく）まあ、いつかおはなし（話）してらした、わたしたち（私達）のし（死）ぬひ（日）がわかるというキカイですか。

辺見　やっとけさ（今朝）かんせい（完成）したんです。（つくえ（机）のうえ（上）にキカイをおき、あい（愛）らしそうにだいじ（大事）になでまわ（廻）す）

たむら（田村）とさとう（佐藤）、めずら（珍）しそうに、きみわる（気味悪）そうにキカイをのぞく。

佐藤　こんなちい（小）さなキカイで、どうやったらわたしたち（私達）のじゅみょう（寿命）がけいさん（計算）できるんですか。

辺見　ここへ、かみ（髪）のけ（毛）をさんぼん（三本）い（入）れるんです。（キカイをせつめい（説明）する）

田村・佐藤　（キョトンとして）かみ（髪）のけ（毛）をさんぼん（三本）？

辺見　そうです。あたま（頭）のけ（毛）をさんぼん（三本）です。にんげん（人間）は　さる（猿）よりけ（毛）がさんぼん（三本）おお（多）い。そのことによりかがく（科学）のしんぽ（進歩）がこのようなはつめい（発明）をかのう（可能）にしたんです。ここへ　け

（毛）をさんぼん（三本）い（入）れるんです。そして、このボタンをお（押）すだけです。

田村・佐藤　（おもしろ（面白）そうにわら（笑）いだす）

辺見　さあ、きみたち（君達）のせいめいすう（生命数）をけいさん（計算）してあげましょう。

田村　（かみ（髪）のけ（毛）ぬ（抜）く）あーっ、いた（痛）ァい。こんなにぬ（抜）いちゃったわ。

辺見　だめ（駄目）ですよ。さんぼん（三本）だけです。

佐藤　（ケラケラわら（笑）いだす）

辺見　しんせい（神聖）なかんが（考）えをも（持）ってください。

へんみ（辺見）、たむら（田村）からけ（毛）をもらい、コンピューターにい（入）れる。ボタンをお（押）す。

カチカチ、カチカチ、カチカチ、ときんぞくおん（金属音）がつづ（続）く。

さんにん（三人）じいっとキカイにみい（見入）る。

コンピューター　（でんし（電子）のおと（音））タムラノブコサン　アナタノ　ジュミョウワ　九十六ネン　二ヒャクニチと　十三ジカン十五フンデス　アナタワ　アナタノジンセイオ　ジュウジツシテクダサイ。

田村　（ぼうぜん（呆然）としてこえ（声）がで（出）ない）

佐藤　まあ、きゅうじゅうろくさい（九十六歳）ですって。

田村　（われ（我）にかえる）　いやですね。……そんなにながい（長生）きしたくありませんね。

佐藤　とかなん（何）とかいっちゃって。

辺見　さあ、こんど（今度）はきみ（君）のばん（番）です。

佐藤　（かみ（髪）のけ（毛）をぬいてわた（渡）す）よろしくおねが（願）いいたしまーす。

しょちしつ（処置室）のろうどうしゃ（労働者）のおとこ（男）が、のぞきにくる。

へんみ（辺見）、まじめ（真面目）なかお（顔）をしてコンピューターをそうさ（操作）する。

カチカチ、カチカチ、ときんぞくおん（金属音）がつづ（続）く。

じっとキカイにみい（見入）るさんにん（三人）。

つりこ（込）まれてろうどうしゃ（労働者）のおとこ（男）もみ（見）ている。

コンピューター（でんし（電子）のおと（音））サトウユキサン　アナタノジュミョウワ　二十五ネン　ヒャク五ニチト　二十二ジカンデス　アナタワアナタノジンセイオ　ジュウジツシテクダサイ。

佐藤　（いっしゅん（一瞬）、き（聞）きとがめる）

田村　（しんぱい（心配）そうに）まあ、にじゅうごさい（二十五歳）っていったら、あなた、ことし（今年）でしょ？

佐藤　（きも（気持）ちをおさえて）ひゃ、ひゃ、ひゃくごにち（百五日）とにじゅうにじかん（二十二時間）ってことは、ひょっとすると　こんばん（今晩）のじゅうじ（十時）かもね。

田村　（おどろ（驚）いて）そ、そ、そんな……。

佐藤　ははは。じょうだん（冗談）じゃないよ。わたし（私）、ことし（今年）し（死）ぬんじゃなくて、けっこん（結婚）するんです。

田村　そうね。き（気）にしないほう（方）がいいわ。

佐藤　ぜんぜん（全然）き（気）にしないわ。　せんせい（先生）にはもう（申）しわけ（訳）ないですけど。

辺見　きみたち（君達）！かがく（科学）をばか（馬鹿）にすると、かなら（必）ずひどいめ（目）にあ（会）いますよ。

佐藤　せんせい（先生）は、ごじぶん（自分）のけいさん（計算）はなさったんですか。

辺見　もちろん、まず、いちばんはじ（始）めにけいさん（計算）してみました。わたし（私）は、よんじゅういちねん（四十一年）にひゃくごにち（二百五日）にじゅういちじかん（二十一時間）いっぷん（一分）。まさに、それが きょう（今日）です。こんばん（今晩）のくじ（九時）いっぷん（一分）でした。

佐藤　（しん（信）じない）まさか……。

辺見　ほんと（本当）です。こんばん（今晩）のくじ（九時）いっぷん（一分）です。

佐藤　うそ（嘘）ですよ。うそ（嘘）ばっかり。（ヒステリックにたかわら（高笑）いする）

田村　せんせい（先生）はげんじつ（現実）にきょう（今日）ただいま（今）このとお（通）り、おげんき（元気）でピンピンしてらっしゃる……。

佐藤　（のぞいているろうどうしゃ（労働者）のおとこ（男）にき（気）づく）なに（何）かごようじ（用事）ですか。

男　すみません。ちょっとでんわ（電話）かしてください。

佐藤　どうぞ。こうかん（交換）がで（出）ますから、もう（申）しこ（込）んでください。

男　（おそ（恐）るおそ（恐）るつくえ（机）のうえ（上）のじゅわき

(受話器) をと (取) る)

さんにん (三人) 、ぼんやりた (立) ったまま、しばらくむごん (無言) 。
おとこ (男) はなごや (名古屋) のでんわばんごう (電話番号) をいって、もう (申) しこ (込) んでいる。

辺見　(ポツリと) しゅじゅつ (手術) は、まだお (終) わりませんか。おがわ (小川) にあ (会) いたい……。

男　(でんわぐち (電話口) で) ああ、もしもし。まるやま (丸山) さんかね。とうきょう (東京) からだがね、よ-くき (聞) いてくれ。たけし (武) がハラき (切) ってるんだ。……えっ？……たけし (武) がシジツしてるんだよ。　だからおく (奥) さんにすぐき (来) てほしいんだ。……なんだって？　かんだ (神田) のごんげんびょういん (権現病院) 。とうきょうえき (東京駅) のつぎ (次) だよ。……そう。たのんだぞ。ま (待) ってるから。じゃ。 (じゅわき (受話器) をおく)

辺見　(ひとりごと (一人言) のように) おろかなことですねえ。しゅじゅつ (手術) などしたって、おなじなのに。

田村　(おとこ (男) に) しゅじゅつ (手術) がま (間) にあってよ (良) かったですね。

男　まったく。たいへんだったよな。

辺見　(おとこ (男) に) あなたは、みうち (身内) のかた (方) ですか。

男　いやあ、ちがいますよ。おれは、ともだち (友達) ですよ。

辺見　そのびょうにん (病人) のじゅみょう (寿命) は、ちゃあんとき

（決）まっとる。このキカイが、おしえてくれますよ。

男　はあ、あれだけくる（苦）しいんじゃ。それでも。

辺見　コンピューターでにんげん（人間）のじゅみょう（寿命）がけいさん（計算）されるじだい（時代）に、しゅじゅつ（手術）だってれいさい（零歳）のずのう（頭脳）です。

男　たい（大）したキカイができたもんだよな。（キカイをジロジロとみ（見）る）

辺見　あなたも、け（毛）をさんぼん（三本）おだしなさい。

男　（あわてて、あたま（頭）をおさえる）お、お、おれは、いいよ。

辺見　いまにほうりつ（法律）がかいせい（改正）されて、こくみんぜんぶ（国民全部）がコンピューターにかかるようにぎむづ（義務付）けられるとき（時）がきますよ。（おとこ（男）のかみ（髪）のけ（毛）をと（取）ろうとする）

男　そんなこといったって、こわいよ。（に（逃）げだ（出）す）

田村　せんせい（先生）、おや（止）めになって。こわ（恐）がってらっしゃるわ。

辺見　（おとこ（男）をつか（捕）まえて）だめです。ぎむ（義務）です。きみ（君）たちはわたし（私）をきちが（気狂）いあつか（扱）いにするんですか。さあ、け（毛）をさんぼん（三本）おだしなさい。

男　（かんねん（観念）して、へんみ（辺見）にかみ（髪）のけ（毛）をぬ（抜）いてもらう）

へんみ（辺見）、おとこ（男）のけ（毛）をコンピューターにい（入）れて、ボタンをお（押）す。
おとこ（男）は、じいっとめ（目）をつぶってコンピューターのおと（音）をま（待）つ。

カチカチ、カチカチ、カチカチ、ときんぞくおん（金属音）がつづ（続）く。

コンピューター　（でんし（電子）のおと（音））ハシダクマキチサン　アナタノジュミョウワ　七十四ネン　百六十五ニチト　十ジカン十六フン三ビョウデス　アナタワ アナタノジンセイオ　ジュウジツシテクダサイ

男　（キョトンとしている。）

田村　よ（良）かったわねえ。ななじゅうよんさい（七十四歳）ですって。

男　（やっといみ（意味）がわかる）フフ、あと、にじゅうねん（二十年）しかないのか（うれ（嬉）しそうである）

しゅじゅつしつ（手術室）のドアがひら（開）き、しゅじゅつじょう（手術場）のかんごふ（看護婦）すずき（鈴木）がよ（呼）ぶ。

鈴木　つきそ（付添）いのかた（方）、せんせい（先生）がせつめい（説明）なさるそうですから、こちらへいらしてくだ（下）さい。

佐藤　（いま（今）までぼんやりしてたが、きゅう（急）にしょくぎょういしき（職業意識）にもど（戻）る）はーい。（おとこ（男）に）さあ、しゅじゅつしつ（手術室）へどうぞ。

男　か、か、かんべん（勘弁）してくれよ。（おじき（気）づく）

佐藤　だいじょうぶ（大丈夫）ですよ。せつめい（説明）してくだ（下）さるんですから。（おとこ（男）をあんない（案内）してしゅじゅつしつ（手術室）へさ（去）る）

辺見　しゅじゅつ（手術）はおわ（終）ったんですか。

田村　はい。もうすぐ、おがわせんせい（小川先生）がおみ（見）えになります。

へんみ（辺見）、しんさつしつ（診察室）をウロウロとい（行）ったりき（来）たりしてお（落）ちつかない。

ふと、うえきばつ（植木鉢）にめ（目）をとめる。じいっと、しゃがみこんでなが（眺）めている。

たむら（田村）も、は（葉）についているほこりを、だいじ（大事）そうにはらってなが（眺）める。

田村　（だれ（誰）にかた（語）るともなく）わたし、おがわせんせい（小川先生）ときょうり（郷里）がごいっしょ（御一緒）なんです。これはじゅうねんまえ（十年前）みならい（見習）かんごふ（看護婦）でこのびょういん（病院）にはじ（始）めてつと（勤）めたとき、ホームシックにかかったわたし（私）のためにおがわせんせい（小川先生）がふるさと（故郷）からも（持）ってきてう（植）えてくだ（下）さったんです。

たむら（田村）、ベランダへで（出）て、ジョウロにみず（水）をい（入）れても（持）ってくる。

辺見　おがわ（小川）はじゅうねん（十年）ふるさと（故郷）のき（木）にみず（水）をやり、わたしはじゅうねん（十年）けんきゅうじょ（研究所）ででんし（電子）のけんきゅう（研究）をしてす

（過）ぎてしまった。いや、じゅうねん（十年）じゃない。にじゅうねん（二十年）だ……。

田村　（うえき（植木）にみず（水）をさしながら）このうえき（植木）のおかげでせんせい（先生）もわたし（私）も、ふるさと（故郷）を、いつもそば（側）にかん（感）じられるんです。

辺見　（とつぜん（突然）ゆめみ（夢見）るように）いちど（一度）でよ（良）いからこい（恋）をしたかったなあ、まいにち（毎日）けんきゅうじょ（研究所）で、キカイとにらめっこしてくら（暮）したせいかつ（生活）。おとなしいにょうぼ（女房）とけんこう（健康）なふたり（二人）のこども（子供）。へいわ（平和）なかてい（家庭）とけんきゅうじょ（研究所）のおうふく（往復）だけのじんせい（人生）。

田村　（へんみ（辺見）のようす（様子）をしんぱい（心配）そうにみ（見）る）

辺見　ぼく（僕）が、もしきみ（君）におも（思）いをう（打）ちあけたら、ぼく（僕）をあい（愛）してくれていたら、きっと、きみ（君）は「わたし（私）をひとり（一人）おいてし（死）んじゃいやです。あなたがいなくなったら、わたし（私）はどうやってい（生）きていくんです。」きみ（君）は、そういって、ぼく（僕）をはげ（励）ましてくれるだろう。ああ！　そのびょうしん（秒針）のおと（音）が、わたし（私）のこころ（心）をえぐる。とけい（時計）をかく（隠）してくれ！

たむら（田村）、へんみ（辺見）のしばい（芝居）にけ（気）おされて、つくえ（机）のうえ（上）のとけい（時計）をかくす。

辺見　(たむら（田村）にちかづ（近付）き、かた（肩）にて（手）をかける）きみ（君）！ぼく（僕）のそば（側）をはな（離）れないでくれ。ひとり（一人）でし（死）ぬのはおそ（恐）ろしい。こわ（恐）いのだ！（たむら（田村）をだ（抱）く）

しゅじゅつしつ（手術室）のドアがひら（開）く。
さとう（佐藤）とすずき（鈴木）がしゅじゅつしつ（手術室）からタンカにかんじゃ（患者）をの（乗）せてで（出）てくる。
びょうにん（病人）をしょちしつ（処置室）のベッドにうつ（移）す。
たむら（田村）、へんみ（辺見）からはな（離）れ、しょちしつ（処置室）へゆ（行）き、てつだ（手伝）う。
おがわ（小川）とつ（付）きそ（添）いのおとこ（男）もで（出）てくる。

小川　もうだいじょうぶ（大丈夫）。とおか（十日）もすれば　たいいん（退院）でき（出来）ますよ。
男　へえー。ありがたいことですわ。（ペコペコおじぎ（辞儀）する）

おがわ（小川）、しんさつしつ（診察室）へくる。

小川　やあ、ま（待）たせたね。
辺見　おお、やっとかんせい（完成）したんでね。じゅみょうはんだん（寿命判断）というなまえ（名前）をつけた。（キカイをみ（見）せる）

小川　じゅみょうはんだん（寿命判断）？

辺見　ほら，デパートでよくやってるうんせいはんだん（運勢判断）。あれのむ（向）こうをはってね。（キカイをさして）ここにけ（毛）をさんぼん（三本）はさむのだ。でんわ（電話）ではな（話）したとおり、まずいちばんはじ（始）めにじぶん（自分）のけいさん（計算）をした。

小川　こんばん（今晩）のくじ（九時）いぷん（一分）とは、おどろ（驚）きましたね。（ひ（冷）やかす）あと（後）、さんじかん（三時間）しかないぞ。

辺見　だから、きみ（君）のところへと（飛）んできたんだ。かぞく（家族）には、なんにもし（知）らせてない。ぼく（僕）がし（死）んだら、このてがみ（手紙）をにょうぼ（女房）とふたり（二人）のむすこ（息子）にわた（渡）してほしい。（ふうしょ（封書）をさ（差）しだ（出）す）かんたん（簡単）なゆいごんじょう（遺言状）だ。

小川　まあ、まあ、おちつきたまえ。ちんせいざい（鎮静剤）をちゅうしゃ（注射）してあげよう。しばらくやす（休）むといい。

辺見　（おこ（怒）る）ぼく（僕）のはつめい（発明）をからかうのか。

小川　（へんじ（返事）にこま（困）る）

辺見　ぼく（僕）は、ぼく（僕）のさいご（最後）をきみ（君）にみとど（見届）けてもらいたいために、おそらくぼく（僕）のはつめい（発明）をしん（信）じないだろうきみ（君）とたいけつ（対決）するためにここへき（来）たんだ。

小川　（しかた（仕方）なく）まあ、あずかるくらいのことはするね。（ゆいごんじょう（遺言状）をう（受）けと（取）る）しんさつ（診察）くらいさせてくれよ。

辺見　（すなお（素直）に、ようふく（洋服）をぬ（脱）ぎシャツのボタンをはずす）

おがわ（小川）、ちょうしんき（聴診器）をだ（出）して、へんみ（辺見）をしんさつ（診察）する。
たむら（田村）、しんさつ（診察）をてつだ（手伝）う。
おお（大）きくこきゅう（呼吸）をするへんみ（辺見）。
おがわ（小川）とたむら（田村）、かお（顔）をみあ（見合）わせてへんみ（辺見）をわら（笑）う。へんみ（辺見）、きづ（気付）かず。

小川　よーし、けんこう（健康）そのものだ。（ボンと、へんみ（辺見）のせなか（背中）をたたく）

このあいだ（間）、さとう（佐藤）はりんしつ（隣室）のしゅじゅつ（手術）したかんじゃ（患者）にリンゲルをしたり、けつあつ（血圧）をはか（計）ったりする。たむら（田村）もてきとう（適当）にうご（動）く。

辺見　（ふく（服）をき（着）る）むすこ（息子）はちゅうがく（中学）とこうこう（高校）だから、あとじゅうねん（十年）もすれば、それぞれ、いちにんまえ（一人前）のしゃかいじん（社会人）としてはたら（働）けるだろう。くれぐれもよろしくたの（頼）む。（あたま（頭）をさ（下）げる）

小川　こま（困）っちゃうな。そう、しんけん（真剣）になられると。……

せっかくはつめい（発明）したキカイをけなすわけじゃないが。……
コンピューターがにんげん（人間）のじゅみょう（寿命）をけいさん（計算）できるなんてかんが（考）えられない。

辺見　しかし、もしも、にんげん（人間）のじゅみょう（寿命）がけいさん（計算）できたら、じゅうじつ（充実）したじんせい（人生）をおく（送）れるというのがしゅだい（主題）なんだ。

小川　わたし（私）はいしゃ（医者）だから、いしゃ（医者）のしんだん（診断）では、きみ（君）のからだ（体）のどこにも、せいめい（生命）のお（終）わりのかげ（影）はない。しん（信）じろというほうがむり（無理）だ。

辺見　ぼく（僕）にはわか（分）らん。どういうほうほう（方法）で、ぼく（僕）のせいめい（生命）がくじ（九時）いっぷん（一分）にお（終）わるのか。それがわか（分）れば……くる（苦）しまないのだ。（ふあん（不安）そうに）

小川　ずいぶんむせきにん（無責任）なキカイだね。

辺見　かがく（科学）とは、そういうものさ。れいこく（冷酷）なものだ。こども（子供）たちはわか（若）い。みらい（未来）がある。しんぱい（心配）なのはやはりにょうぼ（女房）だ。こども（子供）たちがおお（大）きくなったら、いいちゃのみともだち（茶飲友達）をさが（探）して、いっしょにしてやってくれないか。にょうぼ（女房）のじゅみょう（寿命）は、はちじゅうさんさい（八十三歳）だ。

小川　ははは、おく（奥）さんのもけいさん（計算）したの？（わら（笑）う）

辺見　ないしょ（内緒）だよ。だま（黙）ってかぞく（家族）のけ（毛）をさんぼん（三本）ずつしっけい（失敬）した。

田村　わたし（私）たちもけいさん（計算）していただいたんですよ。

小川　（あきれる）きみ（君）たちまで。

佐藤　わたし（私）はにじゅうごさい（二十五歳）で、たむら（田村）さんはきゅうじゅうろくさい（九十六歳）。

小川　こりゃあ、おどろ（驚）いたね。きみ（君）たちは、かんごふ（看護婦）をしょくぎょう（職業）としてるのに。

佐藤　おもしろいんですもの。せんせい（先生）もコンピューターにかけてみませんか。きっとひゃくさい（百歳）いじょう（以上）かもよ。にく（憎）まれっこ（子）、なんとかっていうんでしょ。

小川　こら！（わら（笑）う）

辺見　そうそう。きみ（君）のを、けいさん（計算）するのをわす（忘）れた。

小川　わたし（私）は、いいよ。

佐藤　せんせい（先生）、ぬ（抜）いてあげますよ。（かみ（髪）のけ（毛）をぬ（抜）こうとしてあたま（頭）をのぞく）あら、しらが（白髪）がある……。

小川　（あたま（頭）をおさえる）

辺見　どれどれ。（おがわ（小川）のあたま（頭）をなでながら）きみ（君）も、うすくなったなあ。

小川　よ（止）せ。（て（照）れる）

辺見　ははは。（おがわ（小川）のかみ（髪）のけ（毛）をぬ（抜）く）

へんみ（辺見）、コンピューターをそうさ（操作）する。
カチカチ、カチカチ、カチカチ、ときんぞくおん（金属音）がつづ（続）く。
へんみ（辺見）、たむら（田村）、さとう（佐藤）、キカイをじっとみ（見）つめる。

おがわ（小川）は、カルテにめ（目）をとお（通）して、ぜんぜん（全然）コンピューターなど（等）には、きょうみ（興味）なしといったかん（感）じ。

コンピューター　（でんし（電子）のおと（音））オガワタロウサン アナタのジュミョウワ　四十一ネン　七十三ニチト　六ジカン三プンデス　アナタワ アナタノジンセイオ　ジュウジツシテクダサイ

辺見　（ぼうぜん（呆然）として、ことば（言葉）なし）そ、そ、そ、そんな、ばか（馬鹿）な！　きみ（君）まで、ことし（今年）だなんて……。

小川　（わら（笑）う）

田村　せんせい（先生）は　じゅうにがつ（十二月）なのか（七日）がおたんじょうび（誕生日）ですから、よんじゅういちねん（四十一年）ななじゅう（七十）さんにち（三日）というと、らいねん（来年）のにがつ（二月）ですね。ことし（今年）じゃありません。

辺見　しかし、はんとし（半年）しかない。

小川　ほう、けいさん（計算）では、そういうことになったのかね。

辺見　（ソワソワして）そんな、ばか（馬鹿）なことが、……きみ（君）まで、はんとし（半年）しかないなんて……。

小川　どうだね。これでも、そのキカイをしん（信）じなきゃいかんのか。

辺見　しかし、しんじつ（真実）だ。まだ、はんとし（半年）ある。それまでには、きみ（君）はちゃんとじゅんび（準備）ができる。

ろうむしゃ（労務者）のおとこ（男）がくる。

男　あの、……は（吐）きたいって、い（言）ってるんですが。

鈴木　はい、いま（今）、い（行）きます。（せんめんき（洗面器）をも（持）って、りんしつ（隣室）へと（飛）んでゆ（行）く）

小川　（おお（大）きなこえ（声）でりんしつ（隣室）へ）ガスはで（出）たかな？

佐藤　ガスはで（出）ましたか。（りんしつ（隣室）へゆ（行）く）

さとう（佐藤）、ベッドのびょうにん（病人）をのぞく。
はきけ（吐気）がするので、すずき（鈴木）がせんめんぎ（洗面器）をまくら（枕）のよこ（横）にささ（支）えている。
びょうにん（病人）がなん（何）かいうが、はっきりき（聞）きとれない。ろうむしゃ（労務者）のおとこ（男）がびょうにん（病人）にみみ（耳）をつけてき（聞）きとる。

男　ガスってなん（何）だね？

佐藤　おナラのことでございますよ。

男　（びょうにん（病人）に）へだって。へはで（出）たか？（びょうにん（病人）をのぞきこ（込）む）

小川　（となり（隣）のしんさつしつ（診察室）からおお（大）きなこえ（声）で）ガーゼにみず（水）ふくませて、くちびる（唇）をぬ（濡）らしてやりなさい。

さとう（佐藤）、たむら（田村）、しょちしつ（処置室）としんさつしつ（診察室）を、い（行）ったりき（来）たりする。

小川　（あらた（改）めて、へんみ（辺見）に）きみ（君）は、こうかい（後悔）のないじんせい（人生）をおく（送）るために、じぜん（事前）にじぶん（自分）のじゅみょう（寿命）をし（知）らなければ　ならないというが、かなら（必）ずしもく（悔）いのないせいかつ（生活）がにんげん（人間）にとってしあわ（幸）せとはかぎ（限）らない。

辺見　ぼく（僕）はぼく（僕）のせいめい（生命）がきょう（今日）までだということを、けさ（今朝）し（知）ったのだ。せめて、いちねんまえ（一年前）にし（知）らされたら、いや、いちねん（一年）じゃなくてもいい、いっかげつ（一ヶ月）あったら。……しかしきみ（君）にははんとし（半年）ある。はんとし（半年）もあるんだ。

小川　（うえき（植木）をなが（眺）め）わたし（私）が、もしひゃくさい（百歳）までい（生）きたとしても、このき（木）は　これくらいにしかならないだろうなあ……。（てきとう（適当）のたか（高）さをて（手）でしめ（示）す）

辺見　きみ（君）はし（死）というものから、とうひ（逃避）してるんだ。し（死）とたいけつ（対決）しなくちゃならんいしゃ（医者）がじつ（実）にひきょう（卑怯）だ。

小川　きざない（言）いかた（方）かもし（知）れんが、いがく（医学）にたずさわるもの（者）は、たとえ、しにがみ（死神）がのさばってもあいて（相手）にはしないよ。

でんわ（電話）のベルがなる。

鈴木　（いそ（急）いでじゅわき（受話器）をとる）もしもし、は。……しょうしょう（少々）、おま（待）ちくだ（下）さい。（おがわ（小川）に）せんせい（先生）、おくさま（奥様）からおでんわ（電話）です。

小川　（じゅわき（受話器）をう（受）けと（取）る）もしもし、はい。……だいじょうぶ（大丈夫）だから、しず（静）かにね（寝）かしときなさい。……はいはい、かえ（帰）りますよ。（うるさそうに、ガチャンとらんぼう（乱暴）にじゅわき（受話器）をおく）こども（子供）がねつ（熱）をだ（出）したそうだ。きみ（君）も、うち（家）へかえ（帰）ったほう（方）がいい。おく（送）ってい（行）こう。

辺見　いや、ぼく（僕）は、ここをうご（動）かん。かぞく（家族）のまえ（前）でし（死）ぬのは　いやだ！　そんなざんこく（残酷）なことはできない。

小川　よわ（弱）ったなあ、にょうぼ（女房）がヒステリーおこしてこま（困）ってるんだ。

辺見　（うでどけい（腕時計）をにらむ）あといちじかん（一時間）だ。

小川　じゃ、わたし（私）のうち（家）へい（行）こう。ここじゃお（落）ちつかんよ。（い（行）こうとする）

辺見　だめだ。（おがわ（小川）にすがりつく）きみ（君）のうち（家）へもめいわく（迷惑）はかけられない。くじ（九時）いっぷん（一分）まで、ぼく（僕）といっしょにここにいてくれ、たの（頼）む！

たむら（田村）、しょちしつ（処置室）よりか（駆）けてくる。

鈴木　せんせい（先生）！けつあつ（血圧）がさ（下）がりました！

おがわ（小川）、いそ（急）いでしょちしつ（処置室）へゆ（行）き、びょうにん（病人）のみゃく（脈）をとる。

小川　さんそきゅうにゅう（酸素吸入）！さんそきゅうにゅう（酸素吸入）だ！

鈴木　はい！

たむら（田村）、さとう（佐藤）、さんそきゅうにゅうき（酸素吸入器）のボンベをベッドのそば（側）へはこ（運）び、びょうにん（病人）にと（取）りつ（付）ける。ろうむしゃ（労務者）のおとこ（男）、オロオロしている。

小川　ガスがで（出）るまで、ぜったい（絶対）にみず（水）をあげないでくださいよ。

さとう（佐藤）がようい（用意）してきたちゅうしゃき（注射器）を、おがわ（小川）はびょうにん（病人）のようす（様子）をみ（見）ながら、ゆっくりちゅうしゃ（注射）する。

辺見　（独り言）ガス、……ガス。あれは、ひどいガスだった。……おおぜい（大勢）のにんげん（人間）をいかにしていちど（一度）にころ（殺）せるか。わたし（私）はせんそうちゅう（戦争中）、ひと（人）をころ（殺）すことばかりかんが（考）えていた。カエルをかいぼう（解剖）して、あし（足）のきんにく（筋肉）のしんけい（神経）にでんりゅう（電流）をかけると、あたま（頭）のないあし（足）がかって（勝手）にうご（動）きだす。カエルはし（死）んでるが、あし（足）はい（生）きてる。い（生）きてるんだ。わたし（私）がし（死）んでも、わたし（私）のあし（足）はい（生）きてる。い（生）きてるのだ。（あたま（頭）をかかえるように、ソファにうずくまる）

とらこ（子）が、けっそう（血相）をか（変）えてしんさつしつ（診察室）みぎて（右手）ドアからはい（入）ってくる。

へんみ（辺見）にきづ（気付）かずウロウロとおがわ（小川）をさが（探）す。

鈴木　　まあ、おくさま（奥様）……。

とら子　　おじゃま（邪魔）いた（致）します。

鈴木　どうぞ。おがわせんせい（小川先生）、すぐいらっしゃいますから。（いす（椅子）をすすめる）

辺見　　おく（奥）さん……？

とら子　　（ふしぎ（不思議）そうに）あら、へんみ（辺見）さん。どこかおぐあい（具合）でもおわる（悪）いんですか。

辺見　たいけつ（対決）ですよ。おがわ（小川）とたいけつ（対決）するんです。

とら子　　まあ、わたし（私）も、しゅじん（主人）とたいけつ（対決）しにまい（参）りましたの。わたし（私）、もうきょう（今日）というきょう

(今日) は、がまん (我慢) できませんわ。こども (子供) がねつ (熱) をだ (出) すのは、わたし (私) のヒステリーがげんいん (原因) だと。

辺見　それはちが (違) う。それはおく (奥) さんのおも (思) いすごしですよ。

おがわ (小川) がく (来) る。ふたり (二人) のはなし (話) をき (聞) いている。

小川　そのとおり。きみ (君) のしんけい (神経) がこども (子供) のきぶん (気分) をイライラさせてるんですよ。

とら子　(め (目) がつりあが (上) る) あなたはきょう (今日) も、ちち (父) のびょういん (病院) へい (行) ってくださらないんですか?

小川　(よこ (横) をむ (向) く)

とら子　ちち (父) はもうななじゅうろくさい (七十六歳) なんですよ。わたし (私) はひとりむすめ (一人娘) です。せめてよる (夜) だけでも、ちち (父) のびょういん (病院) をてつだ (手伝) ってくだ (下) さるやくそく (約束) だったでしょ。こんばん (今晩) だって、ちち (父) はあなたをあ (当) てにしてま (待) ってました。もちろん、それだけのおれい (礼) はいただいてるでしょ。

辺見　おがわ (小川) はしゅじゅつ (手術) してたんですよ、いままで。

とら子　ほか (他) のせんせい (先生) にたの (頼) めるのに。わざとですわ、きっと……。

小川　わたし (私) のようないしゃ (医者) は、おとう (父) さんのびょういん（病院）にはかえってめいわく（迷惑）をかけることになるから、えんりょ（遠慮）してるんだ。

とら子　どういうみ（意味）です？

小川　おとう（父）さんはいいひと（人）かもしれませんが、くすり（薬）をつか（使）いす（過）ぎる。

とら子　（れいしょう（冷笑）する）あなたみたいに、「おくすり（薬）はあまりの（飲）んじゃいけない」なんて、おっしゃるおいしゃ（医者）は、げんだい（現代）にはおりませんことよ。げんだい（現代）はどこのゆうめい（有名）なびょういん（病院）でも、おくすり（薬）はたくさんだ（出）してますわ。（じっと、おがわ（小川）をのぞくようにみ（見）つめる）それとも、このびょういん（病院）と、どうしてもはな（離）れられない、なに（何）かわけが　おありなの？（ひにく（皮肉）に）

辺見　おく（奥）さん！それじゃあ、おがわ（小川）があまりにもかわいそう（可哀想）だ。おがわ（小川）はね、らいねん（来年）にがつ（二月）までしかい（生）きないんです。

とら子　だいじょうぶ（大丈夫）です。このひと（人）みたいなしんねん（信念）のかたまりのひと（人）が、し（死）ぬわけありません。きっと、ころ（殺）してもし（死）ななくてよ。

辺見　コンピューターですよ。（キカイをみ（見）せる）これでけいさん（計算）をだ（出）したんです。おがわ（小川）のきもち（気持）にもなってあげてくだ（下）さい。

とら子　いいえ、このひと（人）をかばうひつよう（必要）はございませんの。このうえき（植木）だっていえ（家）にお（置）いてたのを、わざわざびょういん（病院）へも（持）ってき（来）ちゃって、ちょっとわたし（私）がみず（水）をあげるのをわす（忘）れたからって、まるで、てき（敵）をにらむようなめ（目）をしてわたし（私）をみくだ（見下）すんです。そのくらいならごじぶん（自分）でなさるべきです。

小川　あれは、がっかい（学会）でるす（留守）にしてたとき（時）だ。

とら子　あなたがふるさと（故郷）がいとしいように、わたし（私）だってじっか（実家）のびょういん（病院）はだいじ（大事）なんです。それをすこ（少）しもわか（分）ってもらえなくて……。（なみだ（涙）ぐむ）

辺見　おく（奥）さん。おがわ（小川）はりょうしんてき（良心的）ないしゃ（医者）なんです。ゆるしてあげてくだ（下）さい。あとはんとし（半年）、おがわ（小川）はおがわ（小川）なりの、く（悔）いのないなっとく（納得）のい（行）くちりょうほうほう（治療方法）をすることです。

とら子　（おも（思）いつめて）あなた！はっきりいたしましょう！（たむら（田村）をよ（呼）ぶ）たむら（田村）さん、たむら（田村）さん？

たむら（田村）もさとう（佐藤）もえんりょ（遠慮）して、となり（隣）のちりょうしつ（治療室）でびょうにん（病人）のせわ（世話）をしながら、おがわ（小川）たちのはなし（話）をき（聞）いている。
たむら（田村）、しかた（仕方）なくちりょうしつ（治療室）へくる。

とら子　（たむら（田村）に）あなたはたしか、しゅじん（主人）とどうきょう（同郷）のかた（方）でしたね。

田村　はい……。（した（下）をむ（向）く）

とら子　わたし（私）のちち（父）のびょういん（病院）ではたら（働）いていただけませんか。かんごふ（看護婦）がた（足）りなくてこま（困）ってますの。このとおりおねが（願）いいた（致）します。（みくだ（見下）すようなおじぎ（辞儀）を、わざとらしくする）

田村　（こま（困）る）きゅう（急）に、そんなことおっしゃられて……、わたし（私）……。（おがわ（小川）をみ（見）る）

とら子　（きっぱり）ここのびょういん（病院）のじむちょう（事務長）さんには、わたし（私）からちゃんとおはなし（話）してありますから、だいじょうぶ（大丈夫）です。あとは、あなたのおきもちしだい（気持次第）ですけど。

辺見　（イライラする）おく（奥）さん、そんな、くだらんことでぼく（僕）のさいご（最後）のじかん（時間）をつぶさないでくだ（下）さいよ。

とら子　（きつく）いいえ、わたし（私）にとってはせいし（生死）にかか（関）わるもんだい（問題）でございます。

辺見　ぼくは、あとにじゅっぷん（二十分）でし（死）ぬんです。

とら子　けっこう（結構）じゃないですか。わたし（私）だってこども（子供）がいなかったら、とっくにし（死）んじゃってます！

たむら（田村）、いたたまれなくなり、に（逃）げるようにで（出）てゆ（行）く。

小川　たむら（田村）くん！（しんぱい（心配）そうにたむら（田村）のあと（後）をお（追）ってゆ（行）く）

とら子　（ぞうお（憎悪）のめ（目）ざしで、ふたり（二人）をみおく（見送）る）やっぱり！

とらこ（子）、ヒステリックにうえき（植木）をむしる。

辺見　や（止）めてください、おく（奥）さん！そりゃあ、あんまりだ。おとこ（男）のゆめ（夢）をこわすのは、いつもおんな（女）なんです。いつもこわされる。

とら子　もう、いや！いや、いや。なに（何）もかも、いや！わたし（私）、りこん（離婚）いた（致）します。（うえきばち（植木鉢）をたお（倒）す）

ろうむしゃ（労務者）のおとこ（男）、おどろいてのぞく。
さとう（佐藤）、と（飛）んでくる。

鈴木　（とらこ（子）に）すいません。しゅじゅつ（手術）したかんじゃ（患者）がいますので、しず（静）かにしてくだ（下）さい。

とら子　そうね。わたし（私）さえいなければ、しず（静）かになりますわね。（おも（思）いつめて）

とらこ（子）、フラフラとベランダのほう（方）へで（出）てゆ（行）く。
へんみ（辺見）、しんぱい（心配）そうについてゆ（行）く。
とらこ（子）、ベランダのて（手）すりにかがみこみ、かいか（階下）をみ（見）つめる。

辺見　おく（奥）さん、いけない！　はや（早）まっちゃ……　（とらこ（子）のうで（腕）をひ（引）く）

とら子　じゃま（邪魔）しないでくだ（下）さい！（へんみ（辺見）のて（手）をふ（振）りはらう）

辺見　かみ（髪）のけ（毛）をさんぼん（三本）おだ（出）しなさい。おく（奥）さんのじゅみょう（寿命）をけいさん（計算）してあげます。それからだっておそ（遅）くはない。

とら子　うるさいですね！さっきからき（聞）いてれば、じゅみょう（寿命）じゅみょう（寿命）って。いったい、じゅみょう（寿命）がどうしたんです？

辺見　おく（奥）さんのせいめいすう（生命数）ですよ。

とら子　ほっといてください！（へんみ（辺見）をお（押）しのける。そのひょうし（拍子）にへんみ（辺見）よろける。ベランダのて（手）すりがこわれる）

とけい（時計）がくじ（九時）をう（打）つ。
へんみ（辺見）、ベランダからお（落）ちてゆ（行）く。
へんみひめい（辺見悲鳴）——　。

鈴木　あっ！へんみせんせい（辺見先生）！（びっくりしてベランダにと（飛）びでる。こわれたベランダからかいか（階下）をのぞく。おも（思）わずかお（顔）をおおう）たいへん（大変）です！だれ（誰）か、だれ（誰）かき（来）て!　だれ（誰）かき（来）てくだ（下）さーい！

ろうむしゃ（労務者）のおとこ（男）も、ベランダへで

（出）てした（下）をのぞく。

とらこ（子）、ぼうぜん（呆然）としたまま。

おがわ（小川）、たむら（田村）、か（駆）けこ（込）んでくる。

鈴木　へんみせんせい（辺見先生）！　へんみせんせい（辺見先生）が、ベランダからお（落）ちました。（オロオロしてと（飛）びだ（出）してゆ（行）く）

小川　お（落）ちた？（はんしんはんぎ（半信半疑）でベランダへで（出）てみ（見）る。おどろ（驚）く）すぐベッドのようい（用意）をしてくれ。タンカをした（下）へまわ（廻）すように。

田村　せんせい（先生）、くじ（九時）です！（とけい（時計）をさし）くじ（九時）いっぷん（一分）……。

小川　（とっさにわら（笑）う）ま、ま、まさか、じょうだん（冗談）じゃないよ。（いそ（急）いでかいか（階下）へと（飛）びだ（出）してゆ（行）く）

たむら（田村）、あと（後）をお（追）うようにで（出）てゆ（行）く。

とらこ（子）、ふらふらとへや（部屋）のソファにうずくまる。

とら子　ああ、なんて　おそ（恐）ろしいよ（世）のなか（中）でしょう。ベランダがくさってるなんて。びょういん（病院）のかんり（管理）のせきにんもんだい（責任問題）だわ……。（あたま（頭）をよこ（横）にふ（振）ってう（打）ちけ（消）す）

びょうにん（病人）がまひ（麻痺）がさめてきて、はげ（激）しいいた（痛）みをうったえる。

病人　いたいよおー。いたいよおー。なんとかして……。

おとこ（男）、あわててびょうにん（病人）のけ（毛）をさんぼん（三本）ぬ（抜）き、コンピューターにはさもうとするが、おそ（恐）ろしくてキカイをいじれない。
とらこ（子）、じっとおとこ（男）のようす（様子）をみ（見）ている。
すずき（鈴木）、かいか（階下）よりもど（戻）ってくる。でんわ（電話）をかける。

鈴木　（じゅわき（受話器）をとるこえ（声）がふる（震）える）もしもし、……けいさつ（警察）おねが（願）いします。……あ、けいさつ（警察）ですか。だんせい（男性）がいちめい（一名）しぼう（死亡）しました。……いいえ、じこし（事故死）です。ばしょ（場所）は、かんだ（神田）ごんげんびょういん（権現病院）のにわさき（庭先）です。……　はい。おねが（願）いします。（じゅわき（受話器）をおく）

とら子　（すずき（鈴木）につめよる）わ、わ、わたし（私）のせいじゃありません。わたし（私）は、なに（何）もしなかった。（ひっし（必死）に）へ、へ、へんみ（辺見）さんが、わたし（私）のうで（腕）をお（押）さえたので、ただわたし（私）がちょっと、ちょっと……。

佐藤　（ほうしん（放心）したように）よろしいんですよ、おく（奥）さん。

だれ（誰）もなん（何）ともいってません。コンピューターのけいさん（計算）とお（通）りなんですもの。さだ（定）まってたんです。おそ（恐）ろしいキカイですわ。（コンピューターをみ（見）る）

とら子　(コンピューターをみ（見）る）

鈴木　（おとこ（男）のようす（様子）にきづ（気付）く）なに（何）をしてらっしゃるんですか。

男　びょうにん（病人）のけ（毛）だよ。じゅみょう（寿命）をおし（教）えてほしいんだ。

鈴木　（いっしゅん（一瞬）まよ（迷）う）

男　あんなにいた（痛）がってるんだ。……たの（頼）むよ。（ぺこぺこすがりつくようにあたま（頭）をさげる）

びょうにん（病人）はますますはげ（激）しくいた（痛）みをうったえている。

鈴木　（ふか（深）くうなずく）か（貸）していただけますか。（おとこ（男）からけ（毛）をう（受）けとる）

すずき（鈴木）、コンピューターにびょうにん（病人）のけ（毛）をはさみ、ボタンをお（押）す。
カチカチ、カチカチ、カチカチ、ときんぞくおん（金属音）がつづ（続）く。
じっと、みい（見入）る、さとう（佐藤）、おとこ（男）、とらこ（子）。

コンピューター（でんし（電子）のおと（音））オナブタタケシサン　アナ

タノジュミョウワ　八十六ネン　三十にニチト　二ジカンロクフンデス
アナタワアナタノジンセイオ　ジュウジツシテクダサイ

男　ばんざーい！　はちじゅうろくさい（八十六歳）だってよ。（と（飛）びあが（上）ってよろこ（喜）ぶ）

しょちしつ（処置室）のいりぐち（入口）から、びょうにん（病人）のおかみさんがか（駆）けこ（込）んでくる。

おかみさん　とうちゃん。……（ベッドをのぞく）おとうちゃん、わたしだよ。しっかりして。おとうちゃん。……わたしをおいてさき（先）にいっちゃだめよ！ああ！（ベッドにすがりつく）

おとこ（男）、コンピューターをも（持）って、しんさつしつ（診察室）よりと（飛）んでくる。

男　おかみさん！

おかみさん　くまきち（熊吉）さん！（な（泣）きだ（出）す）

男　ははは、だいじょうぶ（大丈夫）です。タケさんは　はちじゅうろくさい（八十六歳）までい（生）きられるんです。ははは、ちゃんと、コンピューターがい（言）ってるんですよ。

おかみさん　（びっくりする）え！　ほんと（本当）にあ（当）たるんですか?

男　（とくいげ（得意気）に）それがせいかく（正確）なんだ。タケさんはし（死）にはしませんよ。

おかみさん　はちじゅうろくさい（八十六歳）までですか。

男　（コンピューターをも（持）ちあ（上）げて、おじぎ（辞儀）をべ

こぺこする)

おすみさん　(すっとんきょう（素頓狂）に）はァー、すっとんでき（来）て、きしゃちん（汽車賃）えらいそん（損）しちゃったけど。(うれ（嬉）しそうにわら（笑）う)とうちゃんよお。……まァ……、まァ……。(ベッドのうえ（上）をたたく)

病人　いたたたた、……いたいよお……。(くる（苦）しんでいる)

おがわ（小川）、しょうぜん（悄然）としてもど（戻）ってくる。

たむら（田村）もあと（後）からく（来）る。

小川　やつ（奴）のか（勝）ちだ! コンピューターはせいかく（正確）だった！

とら子　あなた！(はし（走）りよ（寄）る)

小川　(つめた（冷）く）もう、おそい。……(いきなり、じぶん（自分）のけ（毛）をわしづか（掴）みにする)コンピューターはどこだ?

すずき（鈴木）、いそ（急）いでおとこ（男）のも（持）っているコンピューターをも（持）ってくる。

おがわ（小川）、かみ（髪）のけ（毛）をたくさんはさむ。

田村　せんせい（先生）！ さんぼん（三本）だけです。そんなにい（入）れたら……。

小川　(かまわずボタンをお（押）す)

カチカチ、カチカチ、とれんぞくてき（連続的）にな（鳴）るだけ。

田村　　せんせい（先生）、お（落）ちついてください。やりなおしましょう。

たむら（田村）、おがわ（小川）のい（入）れたけ（毛）をはず（外）し、さんぼん（三本）かぞ（数）えてていねいにい（入）れなおし、ボタンをお（押）す。

こんど（今度）は、カチカチ、カチカチ、とせいじょう（正常）なきんぞくおん（金属音）がで（出）る。

コンピューター（でんし（電子）のおと（音））オガワタロウサン　アナタノジュミョウワ　四十一ネン　七十三ニチト　六ジカン三プンデス　アナタワアナタノジンセイオ　ジュウジツシテクダサイ

とら子　よ、よ、よんじゅういちねん（四十一年）ななじゅうさんにち（七十三日）！（こえ（声）をのむ）

小川　　（あたま（頭）をかきむしる）ああ! なんで、なんでこんなキカイをつく（作）りやがったんだ!よけい（余計）なことしやがって!こんなもの!……

おがわ（小川）、いきなりコンピューターをと（取）りあ（上）げると、ちからづよ（力強）くゆか（床）にたたきつける。

コンピューターは、ゆか（床）にころ（転）がる。

とら子　（ひっし（必死）に）へんみ（辺見）さんは、わたし（私）がつ（突）きとばしたんです。こんな、コンピューターあ（当）たるもんですか!

小川　　ばかやろう（馬鹿野郎）！　ころ（殺）されようと、じさつ（自殺）しようと、へんみ（辺見）のじゅみょう（寿命）にはか（変）わりないのだ!　たの（頼）むから、かえ（帰）ってくれ。……ひとり（一人）にしてくれ!　みんな かえ（帰）ってくれ!

とら子　あなた、しっかりしてください!

小川　うるさい!（とらこ（子）をじゃけん（邪険）につ（突）きと（飛）ばす）

とら子　（な（泣）きながらで（出）てゆ（行）く）

たむら（田村）、さとう（佐藤）、こころぼそ（心細）そうに、おがわ（小川）のようす（様子）をみ（見）ている。

パトカーのサイレンがき（聞）こえる。すずき（鈴木）がで（出）ていく。

すずき（鈴木）とはなし（話）しながらけいかん（警官）がはい（入）ってくる。

警官　（ベランダをみまわ（見廻）る）こりゃあ、ひどいな……。

一同　（むごん（無言））

警官　（しょるい（書類）をだ（出）して）もういちど（一度）、しぼうじかん（死亡時間）をかくにん（確認）したいのですが。……ええと、……くじ（九時）いっぷん（一分）にまちが（間違）いないですな?

鈴木　　**はい。**

小川　　（**とつぜん**（突然）、**おおごえ**（大声）で）**ちが**（違）**う! くじ**（九時）さん**じゅ**っぷん（三十分）だ!　（い（言）**ってしまって**、じ**ぶん**（自分）**のことば**（言葉）にびっ**く**りする）

警官　　**く**じ（九時）さん**じゅ**っぷん（三十分）？　**おかし**いですね。けい**さつ**（警察）にじこし（事故死）ので**んわ**（電話）**がは**いったのは、**くじ**（九時）**じゅ**っぷん（十分）**になっとりま**すが……。

小川　　（**つ**よ（強）く）**くじ**（九時）**さん**じゅっぷん（三十分）です!　**まちが**（間違）いありませ**ん**!　**わたし**（私）**はいしゃ**（医者）**です**。

警官　　と、いうことは、コンピューターはあ（当）**たらな**かったんですか。

小川　　（む**ごん**（無言））

警官　　じゅ**み**ょう**は**んだん（寿命判断）のけ**い**さん（計算）**とお**りだという**の**はうそ（嘘）ですか。

小川　　（じ**ぶん**（自分）**に**い（言）**いきかせ**るように）**こんな**、キ**カ**イにふ（振）**りまわ**（廻）**される**ほど、**にんげん**（人間）**のせ**いめい（生命）はおろ（愚）かではない。

警官　　……**なるほど**。（**ち**ょっとか**んが**（考）**えこ**（込）むが、か（書）**きこ**（込）む）ええと、……じゃ、**あ**と（後）で**しょ**（署）のほう（方）へご**そく**ろう（足労）ね**が**（願）**いま**す。　**ど**うもお**じゃ**ま（邪魔）**しま**した。

鈴木　　ごくろうさま（苦労様）です。

けい**かん**（警官）、**で**（出）てゆ（行）**く**。

いち**ど**う（一同）、しば**らく**ぼ**う**ぜん（呆然）**としたま**ま、**お**の**お**の、**おも**（思）**いお**も（思）いのき**もち**（気持）**でか**ん**が**（考）えて**いる**。

小川　(きゅう（急）に)どうして、どうしてにんげん（人間）があんなキカイにほんろう（翻弄）されるんだ。にんげん（人間）のいのち（命）はかみさま（神様）からさず（受）けられたしんせい（神聖）なものなんだ。こんなコンピューターにわか（分）るもんか。(おも（思）いき（切）りコンピューターをけと（蹴飛）ばす)

佐藤·田村　せんせい（先生）、そのとおりです。なに（何）もかもわす（忘）れてがんば（頑張）りましょう!

小川　かみさま（神様）、ばんざーい! にんげん（人間）、ばんざーい!

小川·佐藤·田村・鈴木　かみさま（神様）、ばんざーい! にんげん（人間）、ばんざーい! かみさま（神様）、ばんざーい! ばんざーい、ばんざーい!

びょうにん（病人）のかみさん、そしてろうどうしゃ（労働者）もくわ（加）わる。

一同　ばんざーい!

はずみでろうどうしゃ（労働者）がさとう（佐藤）にぶつかり、さとう（佐藤）はつ（突）きと（飛）ばされて、ぶたい（舞台）からきゃくせき（客席）のほう（方）へお（落）ちる。

佐藤　あああーーーー!

一同　さとう（佐藤）!

さけ（叫）びごえ（声）とどうじ（同時）にとけい（時

計）**がじゅ**うじ（十時）をう（打）**ちはじ**（始）**め**る。
みんなストップモーションで**いっせい**（一斉）**にとけい**（時計）**をみ**（見）る。**おお**（大）**き**いと**けい**（時計）**の**おと（音）がつ**づ**（続）**く**。
まくお（幕降）**り**る。

2. 寿 命 判 断

[본문편]

キ ャ ス ト	
小　川（外科医）	
辺　見（科学者）	
とら子(小川の妻)	
田　村(看護婦)	
佐　藤(看護婦)	
鈴　木(看護婦)	
救急患者	
その妻	
労働者(患者の友人)	
警　官	

場所　病院の三階にある、 外科の外来診察室と処置室。

時　午後から夜にかけて。

舞台　向かって右に診察室。 左に処置室。その間にはカーテンが下っている。診察室の右手に廊下への出入口。面奥はベランダになっている。処置室の左手前に出入口。その奥に手術室へのドア。 処置室には簡単なベッド、リンゲル、酸素吸入等がおいてある。診察室には机、椅子、ソファー、その他適当に配置する。枝ぶりの美しい“こめつが”の植木鉢が診察室においてある。幕開くと、診察室で看護婦の田村と佐藤が机に向ってカルテの整理をしている。処置室のベッドのそばに、労働者風の男が、じっと座って待ってる感じ。手術室のドアの上の赤ランプがついて、手術中の文字が浮んでいる。診察室の右手のドアから、辺見三郎(四十一歳)が、 小さなケースをかかえて駆け込んでくる。

辺見　こんにちは。

田村　まあ、辺見先生じゃありませんか。

辺見　先生は?

田村　小川先生は、急患で、今手術室へおはいりになりました。

辺見　手術? そいつは困ったな。どのくらいかかりますか。

田村　一時間くらいで終わると思います。

辺見　やれやれ。(ほっとする)待たせてもらいますよ。

田村　先生。何ですか、それ？

辺見　(ケースから小さなキカイを出して見せる)人間の生命の数を計算するコンピューターですよ。

佐藤　(おどろく)まあ、いつかお話してらした、私達の死ぬ日がわかるというキカイですか。

辺見　やっと今朝完成したんです。(机の上にキカイをおき、愛らしそうに大事になで廻す)

田村と佐藤、珍しそうに、気味悪そうにキカイをのぞく。

佐藤　こんな小さなキカイで、どうやったら私達の寿命が計算できるんですか。

辺見　ここへ、髪の毛を三本入れるんです。(キカイを説明する)

田村·佐藤　(キョトンとして)髪の毛を三本?

辺見　そうです。頭の毛を三本です。人間は猿より毛が三本多い。 そのことにより科学の進歩がこのような発明を可能にしたんです。 ここへ毛を三本入れるんです。 そして、 このボタンを押すだけです。

田村・佐藤 (面白そうに笑い出す)

辺見 さあ、君達の生命数を計算してあげましょう。

田村 (髪の毛抜く)あ一っ、痛ァい。こんなに抜いちゃったわ。

辺見 駄目ですよ。三本だけです。

佐藤 (ケラケラ笑い出す)

辺見 神聖な考えを持ってください。

辺見、田村から毛をもらい、コンピューターに入れる。

ボタンを押す。

カチカチ、カチカチ、カチカチ、と金属音が続く。

三人じいっとキカイに見入る。

コンピューター (電子の音)タムラノブコサン アナタノジュミョウワ 九十六ネン二ヒャクニチと十三ジカン十五フンデス アナタワアナタノジンセイオジュウジツシテクダサイ。

田村 (呆然として声が出ない)

佐藤 まあ、九十六歳ですって。

田村 (我にかえる)いやですね。 ………そんなに長生きしたくありませんね。

佐藤 とか何とかいっちゃって。

辺見 さあ、今度は君の番です。

佐藤 (髪の毛をぬいて渡す)よろしくお願い致しま一す。

処置室の労働者の男が、のぞきにくる。

辺見、真面目な顔をしてコンピューターを操作する。

カチカチ、カチカチ、と金属音が続く。じっとキカイに見入る三人。つり込まれて労働者の男も見ている。

コンピューター　(電子の音)サトウユキサン アナタノジュミョウワ 二十五ネンヒャク五ニチト二十二ジカンデス アナタワアナタノジンセイオ ジュウジツシテクダサイ。

佐藤　(一瞬、聞きとがめる)

田村　(心配そうに)まあ、二十五歳っていったら、あなた、今年でしょ?

佐藤　(気持をおさえて)ひゃ、ひゃ、百五日と二十二時間ってことは、ひょっとすると今晩の十時かもね。

田村　(驚いて)そ、そ、そんな……。

佐藤　ははは。冗談じゃないよ。私、今年死ぬんじゃなくて、結婚するんです。

田村　そうね。気にしない方がいいわ。

佐藤　全然気にしないわ。　先生には申し訳ないんですけど。

辺見　君達。　科学を馬鹿にすると、必ずひどい目に会いますよ。

佐藤　先生は、ご自分の計算はなさったんですか。

辺見　もちろん、まず、一番始めに計算してみました。私は、　四十一年二百五日二十一時間一分。まさに、　それが今日です。　今晩の九時一分でした。

佐藤　(信じない)まさか……。

辺見　本当です。今晩の九時一分です。

佐藤　嘘ですよ。　嘘ばっかり。(ヒステリックに高笑いする)

田村　先生は現実に今日ただ今この通り、お元気でピンピンしてらっしゃる……。

佐藤　(のぞいている労働者の男に気づく)何かご用事ですか。

男　すみません。ちょっと電話かしてください。

佐藤　どうぞ。交換が出ますから、申し込んで下さい。

男　(恐る恐る机の上の受話器を取る)

三人、ぼんやり立ったまま、しばらく無言。

男は名古屋の電話番号をいって、申し込んでいる。

辺見　(ポツリと)手術は、まだ終わりませんか。小川に会いたい……。

男　(電話口で)ああ、もしもし。丸山さんかね。東京からだがね、よーく聞いてくれ。武がハラ切ってるんだ。……えっ? ……武がシジツしてるんだよ。だから奥さんにすぐ来てほしいんだ。……なんだって? 神田の権現病院。東京駅の次だよ。……そう。頼んだぞ。待ってるから。じゃ。(受話器をおく)

辺見　(一人言のように)おろかなことですねえ。手術などしたって、同じなのに。

田村　(男に)手術が間に合って良かったですね。

男　まったく。たいへんだったよな。

辺見　(男に)あなたは、身内の方ですか。

男　いやあ、違いますよ。俺は、友達ですよ。

辺見　その病人の寿命は、ちゃあんと決まっとる。このキカイが、教えてくれますよ。

男　はあ、あれだけ苦しいんじゃ。それでも。

辺見　コンピューターで人間の寿命が計算される時代に、手術だって零歳の頭脳です。

男　大したキカイができたもんだよな。(キカイをジロジロと見る)

辺見　あなたも、毛を三本お出しなさい。

男　(あわてて、頭をおさえる)お、お、俺は、いいよ。

辺見　いまに法律が改正されて、国民全部がコンピューターにかかるように義務付けられる時が来ますよ。(男の髪の毛を取ろうとする)

男　そんなこと言ったって、恐いよ。(逃げ出す)

田村　先生、お止めになって。恐がってらっしゃるわ。

辺見　(男を捕まえて)だめです。義務です。君達は私を気狂い扱いにするんですか。さあ、毛を三本お出しなさい。

男　(観念して、辺見に髪の毛を抜いてもらう)

辺見、男の毛をコンピューターに入れて、ボタンを押す。
男は、じいっと目をつぶってコンピューターの音を待つ。
カチカチ、カチカチ、カチカチ、と金属音が続く。

コンピューター　(電子の音)ハシダクマキチサン アナタノ ジュミョウワ七十四ネン百六十五ニチト　十ジカン十六フン三ビョウデス アナタワアナタノジンセイオ ジュウジツシテクダサイ

男　(キョトンとしている。)

田村　良かったわねえ。七十四歳ですって。

男　(やっと意味がわかる)フフ、あと、二十年しかないのか。(嬉しそうである)

手術室のドアが開き、手術場の看護婦、鈴木が呼ぶ。

鈴木　付添いの方、先生が説明なさるそうですから、こちらへいらして下さい。

佐藤　(今までぼんやりしていたが、急に職業意識に戻る)はーい。(男に)さあ、手術室へどうぞ。

男　か、か、勘弁してくれよ。(おじ気づく)

佐藤　大丈夫ですよ。　説明して下さるんですから。(男を案内して手術室へ去る)

辺見　手術は終ったんですか。

田村　はい。　もうすぐ、小川先生がお見えになります。

辺見、診察室をウロウロと行ったり来たりして落ちつかない。
ふと、植木鉢に目をとめる。じいっと、しゃがみこんで眺めている。
田村も、葉についているほこりを、大事そうにはらって眺める。

田村　(誰に語るともなく)私、小川先生と郷里が御一緒なんです。 これは十年前見習看護婦でこの病院に始めて勤めた時、ホームシックにかかった私のために小川先生が故郷から持って来て植えて下さったんです。

田村、ベランダへ出て、ジョウロに水を入れて持ってくる。

辺見　小川は十年故郷の木に水をやり、私は十年研究所で電子の研究をして過ぎてしまった。いや、十年じゃない。　二十年だ……。

田村　(植木に水をさしながら)この植木のおかげで、先生も私も、故郷を、いつも側に感じられるんです。

辺見　(突然夢見るように)一度で良いから恋をしたかったなあ、毎日研究所で、キカイとにらめっこして暮した生活。大人しい女房と健康な二人の子供。平和な家庭と研究所の往復だけの人生。

田村　(辺見の様子を心配そうに見る)

辺見　僕が、もし君に思いを打ちあけたら、僕を愛してくれていたら、きっと、君は「私を一人おいて死んじゃいやです。あなたがいなくなったら、私はどうやって生きていくんです。」君は、そう言って、僕を励ましてくれるだろう。ああ! その秒針の音が、私の心をえぐる。時計を隠してくれ!

田村、辺見の芝居に気おされて、机の上の時計をかくす。

辺見　(田村に近付き、肩に手をかける)君! 僕の側を離れないでくれ。一人で死ぬのは恐ろしい。恐いのだ! (田村を抱く)

手術室のドアが開く。
佐藤と鈴木が手術室から、タンカに患者を乗せて出てくる。
病人を処置室のベッドに移す。
田村、辺見から離れ、処置室へ行き、手伝う。
小川と付き添いの男も出てくる。

小川　もう大丈夫。十日もすれば退院出来ますよ。

男　へえー。ありがたいことですわ。(ペコペコお辞儀する)

小川、診察室へくる。

小川　やあ、待たせたね。

辺見　おお、やっと完成したんでね。寿命判断という名前をつけた。

(キカイを見せる)

小川　寿命判断？

辺見　ほら、デパートでよくやってる運勢判断。あれの向こうをはってね。(キカイをさして)ここに毛を三本はさむのだ。電話で話した通り、まず一番始めに自分の計算をした。

小川　今晩の九時一分とは、驚きましたね。(冷やかす)後、三時間しかないぞ。

辺見　だから、君のところへ飛んできたんだ。家族には、なんにも知らせてない。僕が死んだら、この手紙を女房と二人の息子に渡してほしい。(封書を差し出す)簡単な遺言状だ。

小川　まあ、まあ、落ち着きたまえ。鎮静剤を注射してあげよう。しばらく休むといい。

辺見　(怒る)僕の発明をからかうのか。

小川　(返事に困る)

辺見　僕は、僕の最後を君に見届けてもらいたいために、おそらく僕の発明を信じないだろう君と対決するためにここへ来たんだ。

小川　(仕方なく)まあ、あずかるくらいのことはするね。(遺言状を受け取る)診察くらいさせてくれよ。

辺見　(素直に、洋服を脱ぎシャツのボタンを外す)

小川、聴診器を出して、辺見を診察する。

田村、診察を手伝う。

大きく呼吸をする辺見。

小川と田村、顔を見合わせて辺見を笑う。辺見、気付かず。

小川　よーし、健康そのものだ。(ボンと、辺見の背中をたたく)

この間、佐藤は隣室の手術した患者にリンゲルをしたり、血圧を計ったりする。 田村も適当に動く。

辺見　(服を着る)息子は中学と高校だから、あと十年もすれば、それぞれ、一人前の社会人として働けるだろう。くれぐれもよろしく頼む。(頭を下げる)

小川　困っちゃうな。そう、真剣になられると。……せっかく発明したキカイをけなすわけじゃないが。……コンピューターが人間の寿命を計算できるなんて考えられない。

辺見　しかし、もしも、人間の寿命が計算できたら、充実した人生を送れるというのが主題なんだ。

小川　私は医者だから、医者の診断では、君の体のどこにも、 生命の終わりの影はない。 信じろという方が無理だ。

辺見　僕には分らん。どういう方法で、僕の生命が九時一分に終わるのか。 それが分れば……苦しまないのだ。(不安そうに)

小川　ずいぶん無責任なキカイだね。

辺見　科学とは、そういうものさ。 冷酷なものだ。 子供達は若い。 未来がある。 心配なのはやはり女房だ。 子供達が大きくなったら、いい茶飲み友達を探して、一緒にしてやってくれないか。女房の寿命は、八十三歳だ。

小川　ははは、奥さんのも計算したの?(笑う)

辺見　内緒だよ。 黙って家族の毛を三本ずつ失敬した。

田村　私達も計算していただいたんですよ。

小川　(あきれる)君達まで!

佐藤　私は二十五歳で、田村さんは九十六歳。

小川　こりゃあ。 驚いたね。 君達は、看護婦を職業としてるのに。

佐藤　面白いんですもの。 先生もコンピューターにかけてみませんか。きっと百歳以上かもよ。 憎まれっ子、なんとかっていうんでしょ。

小川　こら!(笑う)

辺見　そうそう。君のを、計算するのを忘れた。

小川　私は、いいよ。

佐藤　先生、抜いてあげますよ。(髪の毛をぬこうとして顔をのぞく)あら、 白髪がある……。

小川　(頭をおさえる)

辺見　どれどれ。(小川の頭をなでながら)君も、薄くなったなあ。

小川　止せ。(照れる)

辺見　ははは。(小川の髪の毛を抜く)

辺見、コンピューターを操作する。
カチカチ、カチカチ、カチカチ、と金属音が続く。
辺見、田村、佐藤、キカイをじっと見つめる。
小川は、カルテに目を通して、全然コンピューター等には、興味なしといった感じ。

コンピューター　(電子の音)オガワタロウサン アナタのジュミウワ 四十一ネン七十三ニチト　六ジカン三プンデス　アナタワアナタノジンセイオジュウジツシテクダサイ

辺見　(呆然として、言葉なし)そ、そ、そ、そんな、馬鹿な! 君まで、今年だなんて……。

小川　(笑う)

田村　先生は十二月七日がお誕生日ですから、四十一年七十三日というと、来年の二月ですね。今年じゃありません。

辺見　しかし、半年しかない。

小川　ほう、計算では、そういうことになったのかね。

辺見　(ソワソワして)そんな、馬鹿なことが、……君まで、半年しかないなんて……。

小川　どうだね。これでも、そのキカイを信じなきゃいかんのか。

辺見　しかし、真実だ。まだ、半年ある。それまでには、君はちゃんと準備が出来る。

労務者の男がくる。

男　あの、……吐きたいって、言ってるんですが。

鈴木　はい、今、行きます。(洗面器を持って、隣室へ飛んで行く)

小川　(大きな声で隣室へ)ガスは出たかな?

佐藤　ガスはでましたか。(隣室へ行く)

佐藤、ベッドの病人をのぞく。
吐気がするので、鈴木が洗面器を枕の横に支えている。
病人が何かいうが、はっきり聞きとれない。　労務者の男が病人に耳をつけて聞きとる。

男　ガスって何だね?

佐藤　おナラのことでございますよ。

男　(病人に)へだって。へは出たか?(病人をのぞき込む)

小川　(隣の診察室から大きな声で)ガーゼに水含ませて、唇を濡らしてやりなさい。

佐藤、田村、処置室と診察室を、行ったり来たりする。

小川　(改めて、辺見に)君は、後悔のない人生を送るために、事前に自分の寿命を知らなければならないというが、必ずしも悔いのない生活が人間にとって幸せとは限らない。

辺見　僕は僕の生命が今日までだということを、今朝知ったのだ。せめて、一年前に知らされたら、いや、一年じゃなくてもいい、一ヶ月あったら。……しかし、君には半年ある。半年もあるんだ。

小川　(植木を眺め)私が、もし百歳まで生きたとしても、この木はこれくらいにしかならないだろうなあ……。(適当の高さを手で示す)

辺見　君は死というものから、逃避してるんだ。死と対決しなくちゃならん医者が実に卑怯だ。

小川　きざな言い方かも知れんが、医学にたずさわる者は、たとえ、死神がのさばっても相手にはしないよ。

電話のベルがなる。

鈴木　(急いで受話器をとる)もしもし、はい。……少々、お待ち下さい。(小川に)先生、奥様からお電話です。

小川　(受話器を受け取る)もしもし、はい。……大丈夫だから、静かに寝かしときなさい。……はいはい、帰りますよ。(うるさそうに、ガチャンと乱暴に受話器をおく) 子供が熱を出したそうだ。君も、家へ帰った方がいい。送って行こう。

辺見　いや、僕は、ここを動かん。家族の前で、僕は死ぬのはいやだ! そんな残酷なことは出来ない。

小川　弱ったなあ、女房がヒステリーおこして困ってるんだ。

辺見　(腕時計をにらむ)あと一時間だ。

小川　じゃ、私の家へ行こう。ここじゃ落ちつかんよ。(行こうとする)

辺見　だめだ。(小川にすがりつく)君の家へも迷惑はかけられない。九時一分まで、僕と一緒にここにいてくれ、頼む!

田村、処置室より駆けてくる。

鈴木　先生! 血圧が下がりました!

小川、急いで処置室へ行き、病人の脈をとる。

小川　酸素吸入! 酸素吸入だ!

鈴木　はい!

田村、佐藤、酸素吸入器のボンベをベッドの側へ運び、病人に取り付ける。労務者の男、オロオロしている。

小川　ガスが出るまで、絶対に水をあげないで下さいよ。

佐藤が用意してきた注射器を、小川は病人の様子を見ながら、ゆっくり注射する。

辺見　(独り言)ガス、……ガス。あれは、ひどいガスだったなあ。……多勢の人間をいかにして一度に殺せるか。私は戦争中、人を殺すことばかり考えていた。カエルを解剖して、足の筋肉の神経に電流をかけると、頭のない足が勝手に動き出す。カエルは死んでるが、足は生きてる。生きてるんだ。　私が死んでも、　私の足は生きてる。　生きてるのだ。(頭をかかえるように、ソファにうずくまる)

とら子が、血相を変えて診察室右手ドアから入ってくる。
辺見に気づかずウロウロと小川を探す。

佐藤　まあ、奥様……。

とら子　お邪魔致します。

佐藤　どうぞ。　小川先生、　すぐいらっしゃいますから。(椅子をすすめる)

辺見　奥さん……?

とら子　(不思議そうに)あら、　辺見さん。　どこかお具合でもお悪いんですか。

辺見　対決ですよ。小川と対決するんです。

とら子　まあ、私も、主人と対決しに参りましたの。　私、もう今日という今日は、　我慢出来ませんわ。　子供が熱を出すのは、私のヒステリーが原因だと。

辺見　それは違う。　それは奥さんの思いすごしですよ。

小川が来る。二人の話を聞いている。

小川　その通り。　君の神経が子供の気分をイライラさせてるんですよ。

とら子　(目がつり上る)あなたは今日も、父の病院へ行って下さらないんですか?

小川　(横を向く)

とら子　父はもう七十六歳なんですよ。　私は一人娘です。　せめて夜だけでも、 父の病院を手伝って下さる約束だったでしょ。 今晩だって、 父はあなたを当てにして待ってました。 もちろん、 それだけのお礼はいただいてるでしょ。

辺見　小川は手術してたんですよ、 今まで。

とら子　他の先生にたのめるのに。わざとですわ、きっと……。

小川　私のような医者は、お父さんの病院にはかえって迷惑かけることになるから、 遠慮してるんだ。

とら子　どういう意味です?

小川　お父さんはいい人かもしれませんが、 薬を使い過ぎる。

とら子　(冷笑する)あなたみたいに、 「お薬はあまり飲んじゃいけない」 なんて、おっしゃるお医者は、現代はおりませんことよ。現代はどこの有名な病院でも、お薬はたくさん出してますわ。(じっと、小川をのぞくように見つめる)それとも、この病院と、どうしても離れられない、 何かわけがおありなの? (皮肉に)

辺見　奥さん! それじゃあ、 小川があまりにも可哀想だ。小川はね、来年二月までしか生きないんです。

とら子　大丈夫です。この人みたいな信念のかたまりの人が、 死ぬわけありません。きっと、殺しても死ななくてよ。

辺見　コンピューターですよ。(キカイを見せる)これで計算を出したんです。 小川の気持にもなってあげて下さい。

とら子　いいえ、この人をかばう必要はございませんの。この植木だって家に置いてたのを、わざわざ病院へ持って来ちゃって、ちょっと私が水をあげるのを忘れたからって、 まるで、 敵をにらむような目をして私を見下すんです。そのくらいならご自分でなさるべきです。

小川　あれは、学会で留守にしてた時だ。

とら子　あなたが故郷がいとしいように、私だって実家の病院は大事なん

です。それを少しも分かってもらえなくて……。(涙ぐむ)

辺見　奥さん。　小川は良心的な医者なんです。　ゆるしてあげて下さい。　あと半年、　小川は小川なりの、　悔いのない納得の行く治療方法をすることです。

とら子　(思いつめて)あなた! はっきり致しましょう! (田村を呼ぶ)田村さん、田村さん?

田村も佐藤も遠慮して、隣の治療室で病人の世話をしながら、小川達の話を聞いている。

田村、仕方なく治療室へくる。

とら子　(田村に)あなたはたしか、主人と同郷の方でしたね。

田村　はい……。(下を向く)

とら子　私の父の病院で働いていただけませんか。看護婦が足りなくて困ってますの。この通りお願い致します。(見下すような辞儀を、わざとらしくする)

田村　(困る)急に、そんなことおっしゃられても、……私……。(小川を見る)

とら子　(きっぱり)ここの病院の事務長さんには、私からちゃんとお話してありますから、大丈夫です。あとは、あなたのお気持次第ですけど。

辺見　(イライラする)奥さん、そんな、くだらんことで僕の最後の時間をつぶさないで下さいよ。

とら子　(きつく)いいえ、私にとっては生死に関わる問題でございます。

辺見　僕は、あと二十分で死ぬんです。

とら子　結構じゃないですか。私だって子供がいなかったら、とっくに死んじゃってます!

田村、いたたまれなくなり、逃げるように出て行く。

小川　田村くん!（心配そうに田村の後を追って行く）

とら子　（憎悪の目ざしで、二人を見送る）やっぱり!

とら子、ヒステリックに植木をむしる。

辺見　止めて下さい、奥さん! そりゃあ、あんまりだ。男の夢をこわすのは、いつも女なんです。いつもこわされる。

とら子　もう、いや! いや、いや。何もかも、いや! 私、離婚致します。（植木鉢を倒す）

労務者の男、驚いてのぞく。

佐藤、飛んで来る。

鈴木　（とら子に）すいません。手術した患者がいますので、静かにして下さい。

とら子　そうね。私さえいなければ、静かになりますわね。（思いつめて）

とら子、フラフラとベランダの方へ出て行く。

辺見、心配そうについて行く。

とら子、ベランダの手すりにかがみこみ、階下を見つめる。

辺見　奥さん、いけない! 早まっちゃ……（とら子の腕を引く）

とら子　邪魔しさいで下さい!（辺見の手を振りはらう）

辺 見　髪の手を三本お出しなさい。奥さんの寿命を計算してあげます。

それからだって遅くはない。

とら子 うるさいですね! さっきから聞いてれば、寿命寿命って。 いったい、寿命がどうしたんです?

辺 見 奥さんの生命数ですよ。

とら子 ほっといて下さい! (辺見を押しのける。 その拍子に辺見よろける。 ベランダの手すりがこわれる)

時計が九時を打つ。
辺見、ベランダから落ちて行く。
辺見悲鳴 —— 。

鈴木 あっ! 辺見先生! (びっくりしてベランダに飛び出る。こわれたベランダから階下をのぞく。思わず顔をおおう)大変です! 誰か、誰か来て! 誰か来て下さーい!

労務者の男も、ベランダへ出て下をのぞく。
とら子、呆然としたまま。
小川、田村、駆け込んでくる。

鈴木 辺見先生! 辺見先生が、ベランダから落ちました。(オロオロして飛び出して行く)

小川 落ちた? (半信半疑でベランダへ出て見る。 驚く)すぐベッドの用意をしてくれ。 タンカを下へ回すように。

田村 先生、九時です! (時計をさし)九時一分……。

小川 (とっさに笑う) ま、ま、まさか、冗談じゃないよ。(急いで階下へとび出して行く)

田村、後を追うように出て行く。

とら子、ふらふらと部屋のソファにうずくまる。

とら子　ああ、なんて恐ろしい世の中でしょう。ベランダがくさってるなんて。病院の管理の責任問題だわ……。(頭を横に振って打ち消す)

病人が麻痺がさめてきて、激しい痛みをうったえる。

病人　いたいよおー。いたいよおー。なんとかして……。

男、あわてて病人の毛を三本抜き、コンピューターにはさもうとするが、恐ろしくてキカイをいじれない。

とら子、じっと男の様子を見ている。

鈴木、階下より戻ってくる。電話をかける。

鈴木　(受話器をとる声が震える)もしもし、……警察お願いします。……あ、警察ですか。男性が一名死亡しました。……いいえ、事故死です。場所は、神田権現病院の庭先です。……はい。お願いします。(受話器をおく)

とら子　(鈴木につめよる)わ、わ、わ、私のせいじゃありません。私は、何もしなかった。(必死に)へ、へ、へ、辺見さんが、私の腕を押さえたので、ただ私がちょっと、ちょっと……。

鈴木　(放心したように)よろしいんですよ。奥さん。誰も何ともいってません。コンピューターの計算通りなんですもの。定まってたんです。恐ろしいキカイですわ。(コンピューターを見る)

とら子　(コンピューターを見る)

鈴木　(男の様子に気づく)何をしてらっしゃるんですか。

男　病人の毛だよ。寿命を教えてほしいんだ。

鈴木　(一瞬迷う)

男　あんなに痛がってるんだ。　……頼むよ。(ぺこぺこすがりつくように頭をさげる)

病人はますます激しく痛みをうったえている。

鈴木　(深くうなずく)貸していただけますか。(男から毛を受けとる)

佐藤、コンピューターに病人の毛をはさみ、ボタンを押す。
カチカチ、カチカチ、カチカチ、と金属音が続く。
じっと、見入る、佐藤、男、とら子。

コンピューター　(電子の音)オナブタタケシサン　アナタノジュミョウワ八十六ネン　三十ニチと　ニジカン六フンデス　アナタワアナタノジンセイオジュウジツシテクダサイ

男　ばんざーい!　八十六歳だってよ。(飛び上って喜ぶ)

処置室の入口から、病人のおかみさんが駆け込んでくる。

おかみさん　とうちゃん。……(ベッドをのぞく)おとうちゃん、わたしだよ。しっかりして。おとうちゃん。……わたしをおいて先にいっちゃだめよ!　ああ!　(ベッドにすがりつく)

男、コンピューターを持って、診察室より飛んでくる。

男　おかみさん!

おかみさん　熊吉さん!(泣き出す)

男　ははは、大丈夫です。　タケさんは八十六歳まで生きられるんです。　ははは、ちゃんと、コンピューターが言ってるんですよ。

おかみさん　(びっくりする)え!　本当に当るんですか?

男　(得意気に)それが正確なんだ。タケさんは死にはしませんよ。

おかみさん　八十六歳までですか。

男　(コンピューターを持ち上げて、お辞儀をぺこぺこする)

おすみさん　(素頓狂に)はァー、　すっとんで来て、　汽車賃えらい損しちゃったけど。　(嬉しそうに笑う)とうちゃんよお。　……まァ……、まァ……。(ベッドの上をたたく)

病人　いたたたた、……いたいよお……。(苦しんでいる)

小川、悄然として戻ってくる。
田村も後から来る。

小川　奴の勝ちだ!　コンピューターは正解だった!

とら子　あなた!(走り寄る)

小川　(冷く)もう、　遅い。　……(いきなり、　自分の毛をわし掴みにする)コンピューターはどこだ?

鈴木、急いで男の持っているコンピューターを持ってくる。
小川、髪の毛をたくさんはさむ。

田村　先生!　三本だけです。　そんなに入れたら……。

小川　(かまわずボタンを押す)

カチカチ、カチカチ、と連続的に鳴るだけ。

田村　先生、落ちついて下さい。 やりなおしましょう。

田村、小川の入れた毛を外し、三本数えて
ていねいに入れなおし、ボタンを押す。
今度は、カチカチ、カチカチ、と正常な金属音が出る。

コンピューター　（電子の音）オガワタロウサン アナタノジュミョウワ四十一ネン七十三ニチと　六ジカン三プンデス　アナタワ　アナタノジンセイオジュウジツシテクダサイ

とら子　よ、よ、 四十一年七十三日！ （声をのむ）

小川　（頭をかきむしる） ああ！ 何で、何でこんなキカイを作りやがったんだ！ 余計なことしやがって！ こんなもの！……

小川、いきなりコンピューターを取り上げると、力強く床にたたきつける。
コンピューターは、床に転がる。

とら子　（必死に）辺見さんは、 私が突きとばしたんです。 こんな、 コンピューター当たるもんですか！

小川　馬鹿野郎！ 殺されようと、 自殺しようと、 辺見の寿命には 変わりないのだ！ 頼むから、 帰ってくれ。 ……一人にしてくれ！ みんな帰ってくれ！

とら子　あなた、しっかりしてください！

小川　うるさい！（とら子を邪険に突き飛ばす）

とら子　(泣きながら出て行く)

田村、佐藤、心細そうに、小川の様子を見ている。
パトカーのサイレンが聞こえる。鈴木が出ていく。
鈴木と話しながら警官が入ってくる。

警官　(ベランダを見廻る)　こりゃあ、ひどいな……。
一同　(無言)
警官　(書類を出して)　もう一度、死亡時間を確認したいのですが。…… ええと、……九時一分に間違いないですな?
鈴木　はい。
小川　(突然、大声で)違う! 九時三十分だ!(言ってしまって、自分の言葉にびっくりする)
警官　九時三十分? おかしいですね。 警察に事故死の電話がはいったのは、九時十分になっとりますが……。
小川　(強く)九時三十分です! 間違いありません!　私は医者です。
警官　と、いうことは、コンピューターは当たらなかったんですか。
小川　(無言)
警官　寿命判断の計算通りだというのは嘘ですか。
小川　(自分に言いきかせるように)こんな、　キカイに振り廻されるほど、人間の生命は愚かではない。
警官　……なるほど。(ちょっと考え込むが、書き込む)ええと、……じゃ、後で署の方へご足労願います。 どうもお邪魔しました。
鈴木　ご苦労様です。

警官、出て行く。

一同、しばらく呆然としたまま、おのおの、
思い思いの気持で考えている。

小川　(急に)どうして、どうして人間があんな機械に翻弄されるんだ。人間の命は、　神様から受けられた神聖なものだ。こんなコンピューターに分かるもんか。(思い切りコンピューターを蹴飛ばす)

佐藤·田村　先生、　その通りです。　何もかも忘れて頑張りましょう!

小川　神様、　ばんざーい!　人間、ばんざーい!

小川·佐藤·田村·鈴木　神様、ばんざーい!　人間、ばんざーい!　神様、　ばんざーい! ばんざーい、　ばんざーい!

病人のかみさん、　そしてと労働者も加わる。

一同　ばんざーい!

弾みで労働者が佐藤にぶつかり、佐藤は突き飛ばされて舞台から客席の方へ落ちる。

佐藤　あああーーーー!

一同　佐藤!

叫び声と同時に時計が十時を打ち始める。みんなストップモーションで一斉に時計を見る。大きい時計の音が続く。幕降りる。

(이 작품은 桝田美恵子의 작 「寿命判断」을 학습에 적합한 길이와 내용으로 저자가 개작한 것임)